narrazioni chiarelettere

Soci: Gruppo editoriale Mauri Spagnol S.p.A.
Lorenzo Fazio (direttore editoriale)
Sandro Parenzo
Guido Roberto Vitale (con Paolonia Immobiliare S.p.A.)
Sede: corso Sempione, 2 – Milano

ISBN 978-88-6190-890-1

Prima edizione: febbraio 2017

www.chiarelettere.it
BLOG / INTERVISTE / LIBRI IN USCITA

Giovanni F.

Se hai sofferto puoi capire

con *Francesco Casolo*

chiare**lettere**

SE HAI SOFFERTO PUOI CAPIRE

Sei mesi fa

"MI CHIAMO 'STORM OF MY'
PERCHÉ ANCHE SE NON È GIUSTO CON L'INGLESE
SENTO QUESTA TEMPESTA IN ME
E HO DECISO DI SCRIVERE
PERCHÉ È LA COSA CHE MI FA SENTIRE PIÙ VIVO."

Ormai l'ho capito: le cose importanti uno le viene a sapere quasi sempre per caso. Dicono che i bambini devono scoprire il mondo ma poi sembra che i grandi facciano a gara per nasconderti più cose possibili.

Prendi Babbo Natale, il grande segreto di quando sei piccolo: uno rimane dodici mesi a dirsi che sta per arrivare sulla slitta, in piedi, con le renne che gli corrono davanti, la barba lunga e bianca e il sacco enorme con dentro tutti i regali. Ecco, allora cerchi di farti trovare preparato, no? Scrivi una bella letterina e metti due biscotti e un bicchiere di latte all'ingresso a mo' di benvenuto, così ti sembra di aver fatto il tuo. Ma mentre sei lì a rimuginare se sia meglio domandare una PlayStation o una macchina telecomandata, tua zia bisbiglia qualcosa a tua madre. Parlano, parlano e quando tu ti avvicini, più che altro per non sentirti escluso dalle loro chiacchiere, loro dicono: «*Shhh*, non parlare», e poi schizzano a destra e a sinistra come cavallette impazzite. Lì capisci che c'è qualcosa che non ti vogliono far sapere, qualche pezzo che ti sei perso.

Ma questa cosa qui era peggio, era più segreta degli altri segreti e proprio non me la voleva svelare nessuno. Mi capitava di veder parlare a bassa voce i ragazzi più grandi, e anche loro ammutolivano ogni volta che mi avvicinavo per sentire.

«Allora, cosa c'è, perché smettete di parlare?»

«Niente, niente, Gio, niente.»

E io sempre a rimanerci male. Ma com'è possibile, mi chiedevo, com'è possibile che mi escludano in questo modo? Cavolo! André, Adrian, Michelle, facciamo il corso di teatro insieme, ci vediamo da anni una o due volte al mese nella saletta per i giochi dell'Ospedale Sacco, siamo amici, perché non lo dite anche a me? Che ho combinato stavolta? Perché mi nascondete le cose?

Ci rimuginavo un po' su questo fatto che smettevano di parlare quando mi avvicinavo, e non è che non mi venissero in mente al volo due o tre motivi perché preferissero tenermi all'oscuro dei loro segreti.

Forse pensavano che non sarei riuscito a trattenermi e sarei subito andato a spifferare a tutti questa cosa tanto misteriosa.

O peggio, pensavano che l'avrei messa sul ridere, tanto per fare lo spiritoso, mentre probabilmente non faceva ridere per niente. Ma sono venuto fuori da mia madre così, ho un po' questa cosa di carattere che tendo a essere ottimista senza motivo. E mi piace buttare tutto in farsa.

O in vacca, come dice un amico di papà.

E allora niente. Bisbigli, sguardi di traverso: André e Fabri, che è poco più grande di me, da un po' erano sempre lì a fare rapidi movimenti per smarcarsi dal ragazzino pestifero che sono.

Ma, come dicevo all'inizio prima di perdermi, le cose uno le viene a sapere quasi sempre per caso. Belle o brutte, non è che cambi molto: ci si può mettere lì a impegnarsi e a fare di tutto per scoprirle ma poi finisce che vengono fuori e basta. Quando vogliono loro.

E quindi eccoci a quel momento.

Ci sono io, Giovanni, ho circa dodici anni, che poi sono gli stessi anni che ho adesso anche se sto per compierne tredici, e mi trovo in una saletta, da un medico che si chiama neurologo, che vuol dire che di lavoro guarda nelle teste dei bambini e dei grandi per capire cosa c'è dentro.

La stanzetta in cui mi visita è all'Ospedale Luigi Sacco di Milano, a Quarto Oggiaro. Il nome di un quartiere che nelle bocche dei milanesi capita spesso. «Abiti a Quarto Oggiaro», «Vado a Quarto Oggiaro»: tutti parlano male di Quarto Oggiaro, è una zona con una pessima fama. Sembra sempre che le cose brutte succedano solo lì.[xxx]

[xxx] PER CHI NON È DI MILANO, E MAGARI NON LO SA, QUARTO OGGIARO È VICINO ALLE AUTOSTRADE, IL CLASSICO POSTO IN CUI NON SI PASSA SE NON SI È PROPRIO COSTRETTI AD ANDARE.

Ma a me il Sacco, anche se si trova a Quarto Oggiaro, mi piace, con quel suo giardino così grande e pieno di alberi e praticelli che quasi uno si dimentica che è un ospedale. Ci capito spesso, soprattutto nel reparto di pediatria che per me è un po' una seconda casa: ci sono i giochi, ci sono tante persone che mi fanno festa quando arrivo, insomma, non manca niente perché sia un bel posto.

«E le gambe, come vanno le gambe?» mi chiedono tutti quando vado a fare le visite.

Ho un problema alle gambe, un problema che mi porto dietro da sempre. Ma di questo vi parlo dopo. Non perché è un segreto e faccio come i grandi e ve lo nascondo: semplicemente perché c'è tempo e prima viene altro.

Quindi quel giorno sono lì seduto dal neurologo, su queste poltrone che si abbassano e si alzano come dal dentista, e in testa ho una cuffia con una serie di fili attaccati. Devo fare un esame per la polisportiva, un elettroencefalogramma.

Niente di strano, niente di nuovo, solo devo rimanere un po' di tempo con questi fili collegati alla testa. La dottoressa fissa alcune righe che si alzano e si abbassano su uno schermo, poi ci danno un certificato, mia madre porta il certificato al centro sportivo e io posso iscrivermi al corso, e dalla settimana dopo cominciare a giocare a calcio. Una cosa che faccio ogni anno uguale.

Me ne sto lì seduto e attraverso la cuffia mi rimbombano mille suoni nelle orecchie: arrivano rumori più bassi poi più alti, cavernosi poi acuti. Quello che mi ricordo è che passano i secondi o i minuti e ci sono rumori che mi danno fastidio, che mi fanno quasi paura, come se arrivassero da un qualche mondo soprannaturale e lontano.

Devo stare immobile ed è come essere in un acquario: non sento quello che succede fuori dalla mia cuffia, vedo solo le labbra di mia madre e della dottoressa, che è una signora un po' più giovane di lei, fra i trenta e i quaranta, che si muovono. Mamma parla e anche la dottoressa, che però intanto manovra i comandi di questa specie di *Enterprise* e su uno schermo appaiono onde che vanno su e vanno giù. Io per non annoiarmi troppo penso appunto che siamo in un viaggio spaziale, mia madre è Spock e la dottoressa il capitano Kirk. Oppure che sono Calvin, quello di *Calvin & Hobbes*, un bambino che parla al suo cagnolino di peluche e fantastica sempre di essere chissà quale fico coinvolto in qualche avventura, ma poi arriva la maestra che lo sveglia regolarmente dai suoi sogni. «Calvin, Calvin» lo sta magari chiamando lei da cinque minuti, ma lui è nel suo mondo e non risponde, nonostante il boato di risate dei compagni.

A un certo punto, sempre lì seduto, mi rilasso – ci si abitua a tutto –, quasi mi addormento, e poi ecco di nuovo un rumore che mi dà fastidio e mi fa rizzare le antenne. Quando finisce? Quando si atterra? Quando si arriva a destinazione?

Qualche secondo o qualche ora dopo – non so, il tempo nello spazio si misura in maniera diversa, gli anni sono secondi e i secoli minuti – atterro finalmente nel primo mondo. Quello in cui sono un ragazzino di seconda media, in compagnia della mamma, in visita da una dottoressa. I rumori si interrompono e a poco a poco l'udito riprende a funzionare, setto il mio cervello in modalità «realtà, globo terrestre». L'insegna «nuova galassia» si spegne e vedo mia madre che parla con la dottoressa esattamente come stava facendo pochi istanti, secondi, momenti prima.

Io sono quello di sempre, il viaggio spaziale non mi ha cambiato affatto, stessi riccioli neri, stessi occhiali tondi, lingua biforcuta, corpo magrolino. Mi guardo intorno un po' intorpidito, piano piano finisce l'effetto acquario, al movimento delle loro labbra corrispondono adesso dei suoni, ma mia madre e la dottoressa sembrano non accorgersi di nulla. Forse sono solo distratte e non sanno che, neanche fossi l'uomo invisibile, ora sono perfettamente in grado di sentirle.

Mi aspetto che facciano qualcosa: che la dottoressa si alzi per venire verso di me, che mia madre mi chieda se è tutto ok o che almeno mi tolgano al più presto questa cavolo di cuffia che ho in testa e mi fa sentire un po' marziano e un po' scemo. E che mamma prenda il certificato e insieme ci si levi dai piedi.

Potrei dire: «Ehi, ragazze, sono qui, siamo qui per me! Vi ricordate di me? Sono Giovanni». Ma forse sono un po' intontito dai suoni, così me ne rimango buono per qualche secondo.

Il finale ve lo svelo subito, giuro, non baro. Ma prima, così tanto per la suspense, c'è ancora una cosa che voglio raccontarvi.

Non so se capita anche a voi ma ogni volta che mi succede qualcosa di grosso mi viene sempre voglia di capire se l'avevo previsto. Potevo immaginare, quella mattina del mese scorso, appena sveglio, che nel pomeriggio avrei parato quattro rigori nella finale del campionato all'oratorio? Potevo prevedere quel giorno al mare, l'estate scorsa, che avrei fatto amicizia con il figlio dei nostri vicini di ombrellone e poi ci saremmo rivisti sempre in spiaggia, per tutta la vacanza?

Funziona così: ci succede qualcosa di importante ed ecco che giorni, mesi, anni dopo ci chiediamo se avevamo avuto un qualche presentimento. Come nei film, dove c'è sempre un istante che ti fa capire che, be', se l'attore principale, la star, si fosse fermato un attimo ad ascoltarsi, l'avrebbe ben intuito quello che stava per accadergli: magari cambia la musica, o l'inquadratura si sofferma per qualche secondo in più sugli occhi...

Nel mio caso, vista l'importanza di quello che di lì a poco avrei scoperto (sì, adesso ve lo dico, giuro), valeva la pena fare questo gioco. E allora ci ho pensato su nei giorni successivi prima di entrare a scuola, ci ho pensato diverse sere prima di addormentarmi, ci ho pensato allo stadio con papà. Ci ho pensato e ripensato ma, ahimè, niente. Quella mattina lì ero salito in macchina con mia madre come tutte le altre volte che eravamo andati all'Ospedale Sacco a fare gli esami. Ero stato sgridato perché avevo fatto delle stupidaggini. Avevo appoggiato i piedi sul cruscotto dove non dovevo. Poi avevo aperto il finestrino e sventolato fuori il braccio provando a fare lo spiritoso con un mio coetaneo seduto dentro una macchina che però mi guardava e sembrava pensare ma cosa cavolo vuole da me questo ragazzino con gli occhiali che tenta di farmi ridere a tutti i costi. Finché, quando mia madre aveva salutato il custode dell'ospedale, eravamo ormai ben oltre il decimo «Smettila Gio! Basta!» della giornata. Lei era esausta, io allegro e mezzo matto, ed eravamo entrati regolarmente, come al solito in ritardo, nel reparto.

Insomma, tutto normale: prima di scendere dall'auto la radio aveva mandato *Vorrei ma non posto* di Fedez e J-Ax e io avevo pensato, come penso anche oggi, a quanto mi piaceva J-Ax e quanto detestavo Fedez.

Ok, adesso torniamo a quel preciso momento: siamo di nuovo a quando la cuffia non emette più suoni e mia madre sta parlando.

«Sì, con l'Hiv tutto uguale, non ha problemi. Niente di nuovo.»

Segue un istante silenziosissimo, perlomeno nella mia testa. *Rewind*, indietro, riascolto la frase.

«Sì, con l'Hiv tutto uguale, non ha problemi. Niente di nuovo.»

«Ma...» La mia voce arriva da dietro, forte e chiara, mia madre è di tre quarti ma dalla velocità con cui si gira capisco che sa che io adesso so.

«... Io... Ma io ho l'Hiv, mamma?»

«No, perché? Non hai l'Hiv, Gio» risponde lei provando a sorridere. Ma labbra, denti, pelle della guancia, tutto si impasticcia: i denti si attaccano al labbro, una ruga mai vista si disegna sotto il suo occhio destro. Intuisco che sta pensando a diverse possibili vie d'uscita, scuse, toppe. Provo a elencare almeno le prime due, quelle che mi paiono le principali. La prima: «Ma forse Gio non sa cos'è l'Hiv... No, lo sa, certo che lo sa, l'ho cresciuto bene, Dio santo!». La seconda: «Cervello, ti prego, dammi la rapidità di trovare dieci parole che suonano come Hiv ma non fanno paura. Cosa c'è con l'h? H_2O: no. H-I-T: hit, "Con le hit tutto a posto...". No, non funziona».

«Dai, andiamo che è tardi» dice invece, passando da pallida a paonazza.

Con la dottoressa il mio gioco è più facile, visto che sul suo viso compare e resta disegnata finché non esco un'unica, singola frase: «Che cacchio ho combinato!?».

Ma questi sono discorsi che uno fa giorni, mesi dopo, quando appunto cerca di capire se c'è un qualche indizio che ripercorrendo tutti i singoli passaggi avrebbe potuto scoprire.

In realtà, di lì a pochi istanti, sto già facendo altro. Ci chiudiamo la porta del neurologo dietro le spalle e andiamo rapidi al reparto di pediatria, passando per quei corridoi che improvvisamente diventano più colorati per mettere allegri i bambini. Mi lancio dentro, abbraccio troppo forte come faccio sempre Rossana, l'educatrice, che cerca di liberarsi dalla mia morsa, faccio ridere tutti un po' nervosamente quando quasi spacco la vetrata dell'area giochi con la mia stampella che finisce per volare in aria nell'impeto degli abbracci, mi fanno un prelievo del sangue quasi al volo e poi si è fatto tardi e con mia madre ce ne andiamo di corsa a scuola entrando alla terza ora causa visita medica.

Non è che ci pensi tanto a quella sigla, H-I-V, quindi...

Non diciamo bugie: un po' ci penso, sì, ma penso anche ad altro. Chi ci sarà al parchetto nel pomeriggio per giocare a calcio? Che si mangia a mensa? Quest'anno il Milan ce la fa ad andare in coppa?

Ma penso anche all'Hiv, perché la persona con cui passo più tempo, la persona con cui è una guerra ogni mattina per svegliarsi e andare a scuola, la persona che mi ha messo al mondo, che amo sopra ogni cosa, la persona con cui faccio le scene peggiori, la persona che guardo mentre chiacchiera con i suoi amici, con cui vado a fare gran parte delle vacanze, la persona che tutte le settimane mi porta da mio padre perché loro hanno litigato tanti anni fa e non vivono più insieme, insomma, mia madre, quella mattina in macchina mentre mi accompagna a scuola e io un paio di volte provo a scherzare su quella cosa che «Pensa, mamma, avevo capito che avevo l'Hiv», è strana da matti. Ma proprio strana.

Eccoci, sono già con un piede in una setta segreta. Ma non lo so ancora, e tantomeno lo sanno gli altri, che ne faccio parte. Bisogna che mi dia da fare. Un po' di pazienza.

Quelli che dicono: «Ti devo dire una cosa»

"SE SEI COME NOI ALLORA QUESTO TESTO FA PER TE.
E NON SCORDARE MAI CHE CIÒ CHE NON È COME TE
NON PUÒ ENTRARE NEL TUO CUORE.
QUESTO È CIÒ CHE CI INSEGNA L'AMORE.
CIÒ CHE FA PER ME NON PUÒ FAR PARTE DI TE
MA TUTTO STA NEL SAPER AMARE.
SE HAI GIÀ SOFFERTO PUOI CAPIRE.
NON È BELLO ADDORMENTARSI TUTTE LE SERE
CON AGLI OCCHI DELLE LACRIME VERE."

Qualche centinaio di battute o tentativi di far ridere dopo – mi hanno raccontato una volta di uno che diceva che per una battuta poteva uccidere, be', credo parlassero di me – mi ritrovo con Marco, il ragazzo che fino all'estate mi portava e mi veniva a prendere a scuola.

È un peccato, Marco mi piaceva un sacco, anzi, mi piace tuttora un sacco, ma adesso mi viene da parlarne al passato perché purtroppo non ci vediamo più tutti i giorni. Qualcosa di leggi o regolamenti o burocrazia e, *plouf*, a un certo punto Marco mi fa un discorso dicendo che l'hanno spostato e gli hanno assegnato un altro ragazzino come me.

«Come me?» gli dico offeso.

«No, Gio, come te no» risponde lui ridendo.

Ma quel giorno «del segreto» il distacco non si è ancora consumato, manca ancora una manciata di settimane, e quindi con Marco giochiamo, facciamo le nostre cose, ci fermiamo una mezz'ora al parco per tirare due calci al pallone con qualche mio compagno e lui, quando mi passa il succo di frutta, accenna al fatto che come al solito la sua ragazza gli ha detto che non sa se lo ama, che però forse lo ama, ma non è sicura se vuole rimanere con lui.

«Come?» lo interrompo, ma lui non mi spiega e insiste che è preoccupato che lei lo lasci e io penso, *pfiuu*, com'è bello essere ancora piccoli, grazie Signore.

Torniamo a casa, devo fare qualche compito, lotto per non distrarmi, e alle cinque e mezzo arriva la mamma dal lavoro.

«Mamma, mamma!» Le vado incontro più che altro come pausa dai compiti. Lei mi bacia, e saluta come tutti i giorni Marco che adesso se ne deve andare dalla sua ragazza per vedere se nel frattempo ha cambiato idea.

Cerco di catturare lo sguardo di mia madre, ma lei oggi è strana. Prima si sottrae e poi accompagna Marco alla porta. Prima lo lascia passare e poi si chiude la porta dietro le spalle, rimanendo all'esterno sul pianerottolo con lui.

Cosa? Io qui e loro lì?

Le corro dietro, non li lascio parlare da soli, apro la porta di scatto e la mamma smette di bisbigliare a Marco, che sembra non aver fatto in tempo a capire che cosa abbia di tanto importante da dirgli.

«Dai, te lo chiamo io» taglio corto riferendomi all'ascensore che arriva subito dopo.

Marco prende e se ne va dalla sua fidanzata che forse lo ama ancora e adesso sono di nuovo solo con questa donna misteriosa che fino a ieri era semplicemente mia madre.

La riguardo bene e, sì, ha sempre la faccia strana. Quella di quando eravamo in macchina stamattina. Compongo mentalmente una lista di altri indizi di stranezza ancora più preoccupanti. Mi sgrida poco, quasi niente, e inizia a cucinare le mie pietanze preferite: pasta in bianco come primo e coscia di pollo come secondo. A seguire, il dolce, anche qui il mio preferito: budino al cioccolato. Peggio, non mi chiede dei compiti, se li ho fatti, se li ho fatti bene, se ho dimenticato qualcosa, se ho riordinato, se a scuola mi sono messo nei guai, e non dice neanche un classico «sì, però adesso fammi controllare». Qualcosa non mi torna per niente.

Ne approfitto per guardare una puntata dei *Griffin* perché sento che stasera posso fare quello che voglio. Anzi, mi apro una Coca-Cola e me la bevo bello comodo sul divano. È un episodio che ho già visto ma è uno dei miei preferiti. Ve lo voglio raccontare.

> C'è Lois che va al supermercato e mentre gira fra gli scaffali incontra il suo ex ragazzo Ross Fishman insieme alla moglie Pam. Chiacchierano e poi Lois decide di invitarli a cena. Peter, che poi è il marito di Lois, è gelosissimo di Ross e quando Ross e la moglie dicono che vogliono scalare l'Everest decide che lo farà anche lui per non sentirsi da meno. Così, da un incontro al supermercato, parte la storia di loro che se ne vanno in Nepal e si sfidano in questa salita. Arrivano tutte e due le coppie in cima ma vincono quelli della famiglia Fishman con quasi due ore di vantaggio. Nel frattempo sta arrivando una tempesta e i Griffin, che hanno finito le scorte di cibo, sono affamati e i Fishman vengono sorpresi dal maltempo mentre stanno rientrando al campo base.

Mi piacciono *I Griffin* perché sembra la vita vera. E poi mi piace immaginare che ci sia una qualche morale anche se non sempre la capisco.

> Mentre scendono, i Griffin incontrano Ben Fishman, il figlio di Ross e Pam, che è morto ed è lì congelato. Hanno troppa fame e finiscono per mangiarselo... Proseguono la discesa finché incontrano Ross e Pam che stanno tornando su per cercare il loro figlio. Ovviamente fanno finta di nulla ma, presi dal rimorso, tornano sulla montagna per aiutare i Fishman che sono finiti in un crepaccio ma che Peter riesce a salvare.

La puntata finisce.

«Ti devo parlare, Gio, vieni un attimo» dice mia madre.

«Che c'è?»

«Ti ricordi quella volta che alle *Iene* parlavano di quella ragazza che aveva quel virus, l'Hiv, e che poi era andata a impestare altri ragazzi. E tu avevi detto che ti sembrava una cosa brutta, ti ricordi, no?»

Rimango un po' imbambolato ed è raro che mi capiti. Come tipo sono più uno da prima parla e poi, molto, molto dopo, pensa a quello che stai dicendo.

«Ti ricordi che ti dicevo che non è una vera e propria malattia. E che si può vivere tranquillamente... Insomma, te lo ricordi, vero?» dice mamma a questo nuovo Giovanni, più riflessivo. Anzi, orribilmente e fastidiosamente riflessivo.

Adesso sono quello del fumetto che ha la nuvoletta sopra la testa perché vorrebbe dire una cosa ma non la dice. Sono nella scena di un romanzo: *Quel giorno Giovanni, mio figlio, era stranamente riflessivo, non riuscivo a darmene una spiegazione...*

«Sì, mi ricordo» dico, dando un taglio secco al mio improvviso silenzio.

«Quello che diceva oggi la dottoressa...»

Pausa, grande sospiro: di mia madre.

Strabuzzamento di occhi: mio.

«Be'... È così, Gio, hai capito giusto...»

Occhi fuori dalle orbite. Miei.

«... Ce l'hai... Hai l'Hiv.»

Cosa si dice in un caso del genere? Non lo so, aspetto di ricevere maggiori informazioni visto che ormai sono diventato riflessivo.

«E sai, Gio, anch'io ce l'ho» aggiunge mia madre.

Rimango basito.

«E anche papà.»

La guardo e mi aspetto che la lista non si interrompa più.

... E anche il papa, Renzi, Obama...

Ha finito, non ce ne sono altri, e allora ci penso un po' di più. Che ce lo potessi avere io poteva anche starci. È da una vita che prendo medicine, frequento ospedali, faccio esami... Ma che anche mia madre potesse essere malata non l'avevo proprio messo in conto. Mio padre poi...

Si mette a spiegarmi che non devo aver paura, che non cambierà nulla, che dovrò semplicemente ricordarmi di prendere le medicine come ho sempre fatto. Solo, adesso anch'io lo so e bisogna che faccia attenzione. E che non lo dica a nessuno perché è una malattia che spaventa più quelli che non ce l'hanno che quelli che ce l'hanno.

Strano, penso. «E perché?» chiedo a mia madre.

«Perché si attacca, si può trasmettere» dice prima di riprendere a parlare a raffica.

«Ma allora Luca[xxx] non lo sa?»

[xxx] VI STARETE CHIEDENDO: E CHI CAVOLO È LUCA? COSA MI SONO PERSO? IN ESTREMA SINTESI: LUCA DA UN ANNO E MEZZO È IL COMPAGNO DI MIA MAMMA. È GENTILE, MI PORTA ALL'ORATORIO, AL CINEMA, IN GIRO. MA HA DUE DIFETTI: È UN UOMO E MIA MAMMA LO AMA MOLTISSIMO. MA NE PARLEREMO PIÙ AVANTI.

«Certo che lo sa, figurati.»

«E non ti ha mandato a fanculo?»

«No.»

«Perché?»

«Perché mi vuol bene?»

«E al lavoro?»

«Neanche.»

«Ah, ecco.»

«Ecco cosa?»

«Ecco perché ti fanno sempre i regalini» le dico.

Mamma si innervosisce. Quando si innervosisce, per non sgridarmi, di solito si mette a pulire. Mai capito questa sua ansia di pulizia, penso, mentre la vedo spruzzare il Cif sui fornelli e cominciare a strofinare.

Per cinque minuti buoni andiamo avanti così, io che cerco di attirare la sua attenzione perché voglio ancora parlarne e lei che spruzza in giro perché credo abbia bisogno di calmarsi un attimo. Col Cif.

«Scusa, Gio, sono un po' nervosa» dice.

Taccio finalmente, la ascolto andare avanti a spiegare, ma non sono spaventato. Sono più curioso. Curioso di sapere come me lo sono preso, come se l'è preso lei, quasi mi aspetti di sentirmi raccontare una storia alla Peter Parker: che prima è un bambino qualunque e un giorno viene punto da un ragno di laboratorio, diventa Spiderman e la sua vita assume una piega completamente diversa.

«Ma tu, mamma, come te lo sei preso?» le chiedo.

Lei si asciuga una lacrima.

«Mamma, sveglia, mi dici come cacchio te lo sei preso tu o no?»

Prende fiato, sembra un campione di discesa al cancelletto di partenza: guarda giù, a destra, a sinistra, ispeziona accuratamente l'aria intorno a noi come se temesse che qualcuno possa sentirci. Un vicino attaccato notte e giorno alle pareti con un bicchiere, la Cia che intercetta il suo telefono acceso sul tavolo, una microspia messa dai servizi segreti nella cucina di casa nostra. No, nessuno può sentirci, siamo al sicuro, comandante.

Quindi, come nei film, parte un flashback: mia madre è bellissima come lo è adesso solo che è più giovane, è una ragazza, non ha gli occhiali, è vestita alla moda degli anni Ottanta, vive in una grande città e non è ancora stanca e stremata a doversi occupare a tempo pieno di uno come me. Ecco, ci metto pure il titolo del capitolo, come nei film di Tarantino. Musica allegra, forse quel disco degli Oasis che mia madre mette su in continuazione.

LA STORIA DI MIA MAMMA

Siamo fra gli Ottanta e i Novanta e mia mamma, almeno la sua versione giovane, è a Londra per studiare un po' di inglese. Dice Londra (quindi Inghilterra, quindi Europa) e mi vengono subito in mente due cose. La prima è che non ci sono mai stato e vorrei andarci; magari anche col treno: una volta ho visto un documentario su questo treno che per andare a Londra passa sotto il mare, mi sembra davvero fico pensare di provarci. La seconda è che i nonni – nonni per me, papà e mamma per lei – devono essere cambiati un bel po' perché con me non vogliono che vada nemmeno dall'altra parte della strada. E adesso ho dodici anni, quasi tredici.

Ma torniamo a Londra, quella del Big Ben e di Trafalgar Square – lo so dalla scuola – e spostiamoci in un bar, o forse un «pub» come dicono loro – questa la so da mio padre – in cui mia madre lavora come cameriera per pagarsi la stanza in affitto.

«Che bar è?» la interrompo.

Lei prima si scoccia un po' e poi risponde: «Inglese».

Capisco che ha in testa di raccontarmi altro. Più gli avvenimenti che i dettagli. Certo, ha ragione, siamo in un thriller, non in uno di quei film in cui parlano parlano e non succede niente.

Londra le piace, è meglio, molto meglio del quartiere Giambellino a Milano, dove è cresciuta. Ci si trova bene lì, con tutti quegli stranieri come lei, e un giorno incontra un ragazzo di Rio de Janeiro. Brasile, Sudamerica. Ingegnere subacqueo e culturista. Come sarà un ingegnere subacqueo culturista e brasiliano?

Il mio primo istinto è di immaginarlo bello, un fico pazzesco, ma, siccome già intuisco dove andrà a parare la storia, subito ai miei occhi diventa mostruoso e cattivo. Mia madre e questo tipo («Come si chiamava, mamma? Luís. Ah, lo immaginavo» le dico, chissà poi perché) iniziano a vedersi, vanno al parco a chiacchierare, poi si infilano nei pub perché a Londra piove sempre e questo lo so anch'io, poi diventa un'amicizia un po' più profonda. Insomma, si innamorano.

Io? No, non dirò mai se mi sono innamorato.

E allora mia madre, che mentre racconta beve nervosamente da un bicchiere d'acqua vuoto già da mo', gli chiede se lui ha mai fatto il test. Prima di raccontarmi la risposta, però, fa una parentesi: «Vedi, Gio, adesso è tutto diverso, nessuno muore più di Hiv. Ma prima di Hiv si moriva».

Ma, dice, se ci pensa adesso non sa neanche perché avesse chiesto a Luís di farle vedere il test, lui così sano e così di bell'aspetto e così diverso dall'idea che si aveva allora dei malati di Aids: zombie con le piaghe e buttati sui letti.[xxx]

[xxx] VI RUBO SOLO UN ATTIMO: TUTTI NOI DELLA SETTA, QUELLA DEL SACCO, SIAMO SIEROPOSITIVI E QUINDI ABBIAMO L'HIV MA NESSUNO DI NOI HA L'AIDS. NEL SENSO CHE L'HIV È IL VIRUS E L'AIDS LA MALATTIA CHE NE CONSEGUE. SE UNO SI CURA, ORMAI BASTA UNA PILLOLA AL GIORNO, AVRÀ SEMPRE L'HIV MA NON AVRÀ MAI L'AIDS. NON SI CAPISCE NIENTE? OK, VE LO SPIEGA MEGLIO ALLA FINE LA DOTTORESSA GIACOMET.

Luís quasi si offende, non la prende affatto bene ma poi, di fronte alle insistenze di mia mamma che non cede, si mette a frugare nei cassetti finché tira fuori un qualche certificato medico. Glielo sventola davanti agli occhi e su quello c'è scritto che è risultato negativo al test dell'Hiv. Però lo sventola, e quindi mia madre vede solo che effettivamente non ha l'Hiv ma non legge la data dell'esame né nient'altro.

«Non lo so, magari era una roba di cinque anni prima. Ma me la faccio bastare, perché quando uno è innamorato fa tante cose sceme» dice mia mamma.

Buio, dissolvenza, musica romantica, inizia una storia d'amore.

Che dura quattro anni. Si vogliono bene, ogni tanto litigano, un giorno si sposano perché Luís è brasiliano, extracomunitario, e gli scade il permesso per rimanere in Europa.

«I nonni non lo sanno, a loro non lo dico» continua mia mamma.

La guardo con aria da uomo di mondo, capisco benissimo, ma in cuor mio, mentre la ascolto, penso che questa cosa la userò in futuro. Quando mi scoprirà a fare qualcosa di nascosto e io sarò pronto a dirle: «Sì, però anche tu, i nonni, quella volta, Luís, brasiliano, ingegnere, muscoli, Aids eccetera».

A un certo punto mia madre non vuole più stare a Londra, piove, fa freddo, non c'è mai il sole. «Basta Londra, andiamocene via, ti prego Luís, trasferiamoci in Italia.»

Tornano a Milano ma Luís non si trova, lui e mamma prima litigano più di quanto si vogliano bene, poi litigano troppo per volersi bene. Un giorno decidono di separarsi. Tutto in amicizia: la storia è finita, non c'è bisogno di arrabbiarsi, e riprendono a fare ognuno la propria vita. Mia madre ottiene un buon posto come cameriera in un club esclusivo alle porte di Milano, sale di ruolo, fa carriera, diventa responsabile dei due bar e della sala ristoranti. È contenta, fa un sacco di amicizie, molte delle quali sono sopravvissute al passare del tempo tanto che sono persone che vediamo tuttora.

Il virus è già dentro di lei da un po' ma per il momento sonnecchia. Si fa i fatti suoi, va in giro poi torna tranquillo, si sveglia: è così che è fatto. Mia madre ogni tanto ha dei forti mal di testa, molto dolorosi, ma con un paio di aspirine e una giornata a letto passano, quindi non se ne preoccupa più di tanto. Lavora, si innamora di nuovo, prende tutte le precauzioni che si prendono e non sa niente di quello che sta succedendo dentro di lei.

Finché comincia a soffrire per malanni un po' più fastidiosi: prima una leggera polmonite, poi il fuoco di sant'Antonio, poi di nuovo la polmonite con febbre altissima. Fra sant'Antonio e febbre mia madre è conciata davvero male, quasi non sta in piedi, e viene ricoverata all'Ospedale San Carlo. Adesso siamo al '96 e mamma ha una trentina d'anni. Le devono fare un prelievo e le comunicano che le faranno anche il test dell'Hiv.

«Sì, sì, certo, no problem» dice lei sovrappensiero. L'idea col suo ragazzo era di diventare donatori, tanto per capire quanto era lontana dalla verità e più impegnata a difendersi dalla polmonite che le avevano appena diagnosticato. Insieme a una bizzarra febbre atipica. Ma mia madre *è* atipica, quindi la cosa non la stupisce più di tanto.

Due o tre giorni dopo il ricovero comincia a sentirsi un po' meglio, i medicinali stanno facendo effetto, la febbre è scesa e due medici – di solito ce n'è solo uno – entrano nella sua stanza. Si tirano la porta dietro le spalle e, siccome il letto accanto a mia madre è vuoto, è su quello che si siedono.

«Abbiamo fatto il test» dicono.

Mia madre è ancora anni luce dal capire e quasi non li ascolta.

«Lei è risultata positiva.»

«Come?» chiede mamma che adesso è decisamente più attenta.

«Lei ha l'Hiv, è sieropositiva» dicono.

Lo dicono e se ne vanno.

Pacco consegnato.

Mia madre rimane sconvolta: viene avvicinata da una donna delle pulizie che dal corridoio la sente piangere e corre ad abbracciarla. Forse ha capito, sa cosa le è successo, forse ha sentito, forse no, comunque è una ragazza che sta piangendo e va consolata.

Mamma si fa coraggio, va verso una cabina nel corridoio dell'ospedale – non ci sono ancora i cellulari – e chiama a casa. I suoi genitori.

«Sì, ce l'hanno detto» dice suo padre. «I medici hanno avvertito prima noi. Stiamo uscendo e venendo da te.»

Di lì a poco mamma viene trasferita all'Ospedale Sacco e, appena ritrova le forze, chiama le persone con cui ha avuto delle storie d'amore. L'unico che non sembra molto stupito, si zittisce, reagisce stranamente nonostante continui a negare, è l'ingegnere culturista e brasiliano. *Bum*, beccato!

Mamma comincia la terapia.

Si torna alla trama principale, cambia la musica, mia madre è di nuovo una donna di quarant'anni abbondanti, ha gli occhiali e io la sto ascoltando da una mezz'ora.

«Sei tu che me l'hai attaccato, quindi?» le dico.

«Sì» risponde. Ha l'aria un po' disperata ma vuole controllarsi e mi pare bello che si impegni così tanto per non piangere.

Però c'è una domanda, una domanda orrenda, la domanda che più di altre mi sta a cuore e io sono un bambino e non posso certo tenermela per me. A dire il vero mi rifugio un attimo in bagno, mi guardo allo specchio, controllo se si vede questo Hiv. No, non si vede, sono quello di stamattina.

«Mamma, ma le gambe? Anche le gambe c'entrano?» le chiedo.

«Non lo so, non c'è correlazione, non lo possiamo sapere. Ti sei ammalato quando eri piccolissimo. E in ospedale hanno combinato un sacco di guai. Ma io credo che non c'entri nulla con l'Hiv.»

La guardo e rimango un po' a pensarci.

«Mi sento molto in colpa» ripete diverse volte.

«Non l'hai fatto apposta. Me l'hai insegnato tu, no? Se uno non voleva farlo...»

«Mi dispiace uguale.»

«Mamma, senti, ma tu hai dato un nome a questo virus? Ci parli? Come fai?»

«No, non ci parlo. È lì e non posso farci niente ma non ci penso tanto.»

«Sai una cosa, mamma?»

«Cosa? Cosa, Gio, dimmelo.»

«Te lo dico, sicura?»

«Sì.»

«Mi sa che insieme a quella cosa mi hai passato anche la tua sfiga.»

Ehi ragazzi, ci sono anch'io

"NON È FACILE ESSERE DIVERSI
MA TU PUOI NON FARCI SENTIRE PERSI.
QUESTI SONO I NOSTRI VERSI
E CON QUESTO SPERO CHE POTRAI CAPIRE
QUANTO UNA SEMPLICE MALATTIA POSSA FARTI SOFFRIRE."

Voglio saperne di più di questo virus, ma non di quello degli altri, proprio del mio. Mi chiedo da dove venga, che aspetto abbia, che cosa cavolo faccia dentro di me.

Mia madre la mattina dopo mi dice che, tanto per continuare con il discorso della sfiga che un po' la segue sempre, il ceppo nostro è un ceppo molto forte.

Sul momento sono contento, mi pare più eroico e fico, non sto troppo a ragionare su cosa voglia dire.

Poi ci dedico due minuti in più: «Cacchio, che sfiga» dico di nuovo.

Mia madre mi racconta che, certo, l'ho saputo un po' per caso, ma che da almeno un anno stava parlando con una psicologa per prepararsi al momento in cui me l'avrebbe detto.

«Un anno?» chiedo io, stupito. «Che cavolo vi siete dette per un anno?»

«Non sapevo come l'avresti presa.»

«E come l'ho presa?»

«Non lo so, dimmelo tu.»

Non le rispondo perché bisogna che prima lo capisca io. Mia madre torna all'Hiv e mi spiega che i virus sono come gli uomini e le donne: tutti appartenenti alla stessa specie, ma diversi, ce ne sono di buoni, cattivi, stronzi, simpatici. Quello che vive dentro di noi è bastardo e viene dall'Angola probabilmente, dove Luís aveva trascorso un periodo per lavoro. Me lo immagino con una punta, due piedini e una coda, me lo immagino che ride mentre scivola giù da un corpo all'altro, contento di cambiare casa. Gli piace viaggiare: Angola, Brasile, Londra, Milano, fino al quartiere Lambrate dove adesso abitiamo.

Con mia madre parliamo tanto e due giorni dopo siamo di nuovo al Sacco, questa volta da Simona, la psicologa. Ci conosciamo da anni, è come una zia per me: è bionda, è gentile, ha una voce calda, mi piace abbracciarla ogni volta che la vedo e anche molte volte in più.

Mi siedo, butto la cartella a terra visto che vengo direttamente da scuola e sono pronto a cominciare. Perché, come al solito, sono io a dare il via.

La prima cosa che le dico è: «Ma quindi?».

E lei: «Quindi sì».

Quindi sì. Che vuol dire tante cose diverse.

Vuol dire: Sì, hai capito bene, è vero, hai l'Hiv; a essere più precisi, ce l'hai sempre avuto.

Sì, certo, qui dentro lo sappiamo tutti fin dal primo giorno che sei arrivato.

E soprattutto: È vero che tutti quei ragazzi che sono qui con te, che incontri per il corso di teatro, che vedi al reparto di pediatria per i controlli, anche tutti loro hanno l'Hiv.

«E allora?» Vado avanti con il mio interrogatorio sibillino.

E allora? Che vuol dire: Allora adesso come devo fare? A chi lo devo dire? Ci sono delle persone con cui posso confidarmi? Morirò?

Nella testa mi girano tutte queste domande insieme ad altre completamente diverse: Quindi è vero quello che ho sempre saputo? Che sono una persona speciale? Che sono una persona unica?

«Allora anche Giada, Renesmee, Michelle, Mario, André, insomma tutti, tutto il mondo ha l'Hiv?» chiedo.

«No, non tutti» mi risponde Simona che sorride sempre. «Ci sono moltissime persone che non ce l'hanno. Molte di più di quelle che ce l'hanno.»

«E allora?»

«E allora bisogna cominciare a pensare a cosa fare.»

«Stavo pensando a un'indagine. Sai tipo detective privato.»

Simona mi guarda perplessa ma è troppo gentile per mettersi le mani nei capelli.

«Che vuoi dire?»

«Che devo capire un po' di cose. Tipo cosa mi serve sapere, cosa mi serve dire, fare.»

Simona non mi fa capire quello che ne pensa lei, non mi dà un suo parere. Dice che stavano già pensando di dirmelo loro, che ormai ero abbastanza grande, che l'età è quella e che era per questo che la neurologa pensava lo sapessi già. Che io ero pronto, ma che erano gli altri, i grandi, a non esserlo.

Non è la prima volta: tutti pensano che io sia un bambino, mi trattano come un bambino finendo per fare loro la figura dei bambini. Succede sempre uguale.

«Ma quindi Matteo lo sa?»

«Sì, lo sa.»

«Ma quindi anche Federico lo sa, e anche sua moglie e anche il bambino che vogliono avere...»

«No, il bambino no.»

«In che senso no?»

«L'hai detto tu. Non è ancora nato.»

«Ah, è vero.»

«Ma quindi siamo una banda? Con un capo, delle regole, delle punizioni per chi le trasgredisce. Come il Fight club?»

Simona adesso scuote la testa. Mia madre ride.

«C'è una parola d'ordine, una divisa, come si entra a farne parte? Magari potrei proporne una io. Una lingua nostra, tipo un esperanto Hiv.»

Adesso anche Simona, la psicologa, non riesce a impedirsi di ridere. «Chi è grande lo sa. Chi è piccolo no. Quindi non parlarne con...» Inizia una lista di nomi e, quando si ferma, sono deluso perché penso che più sono quelli a non saperlo più c'è da essere orgogliosi ad aver saltato il fossato.

Esco di lì e so di essere stato catapultato da un momento all'altro in un mondo completamente nuovo in cui tutti sanno tutto di tutti e io non sapevo niente. E, ovviamente, mi viene in mente Jim Carrey, che mi piace da morire e che io sono come lui nel *Truman Show*.

Buongiorno e, casomai non vi rivedessi, buon pomeriggio, buonasera e buonanotte!

«L'avete visto, no?» Mi viene da dire proprio questa frase uscendo dal reparto.

La sensazione di aver fatto un po' la figura del cretino per esserci cascato mi potrebbe venire. E mi viene.

In macchina la mamma è di nuovo in modalità senso di colpa.

«Mi dispiace tanto di averti passato questa cosa, mi dispiace tanto, Gio» dice.

«Smettila, non l'hai fatto apposta.»

Davanti ai miei occhi ci sono io, Giovanni, in varie scene, con diverse età, montature di occhiali, bastoni, maglietta dei *Griffin*, carte Yu-Gi-Ho!

Vetro della cucina rotto: non l'ho fatto apposta. Pentolone di minestrone rovesciato sul pavimento: non l'ho fatto apposta.

Mi viene in mente una puntata dei *Simpson* in cui Bart è il bambino «non sono stato io», diventa famoso e viene invitato a dire sempre questa frase in televisione. Finché il pubblico si stufa e lui torna a Springfield a fare la vita di sempre.

Mia madre mi guarda un filo sollevata: «Adesso ti porto da papà, anche lui vuole parlarti».

Mio padre è a casa e mia madre lo chiama quando siamo a due passi perché scenda a prendermi. Accostiamo e papà è già lì, alto, con gli occhiali neri e il giubbotto di pelle.

Esco un po' traballando (sì, lo so, ve lo devo spiegare) dall'auto, con papà ci abbracciamo, gli voglio un sacco bene, lui e la mamma si salutano, lei gli lancia un'occhiata un po' ansiosa, lui le sorride rassicurante.

Vorrei mettermi a giocare subito alla PlayStation ma papà è anche lui nella modalità «ti devo dire una cosa».

In realtà più «devo chiederti una cosa», perché quello che c'era da dire è già stato detto.

«Ho saputo dalla mamma che hai saputo.»

«Sì, ho saputo.»

«Cos'hai capito di questa cosa?»

«Lo vuoi proprio sapere?»

«Certo.»

«Sicuro, sicuro?»

«Sicuro, sicuro.»

«Un beato c...» Sto per metterci il resto della parola ma mi dico che, anche se al momento sembra che il bonus valga pure con papà, meglio non sfidare il destino.

«Sei spaventato? Hai paura?» prosegue lui.

«No, sono tranquillo.»

«Ce l'hai anche tu, eh, papà?»

«Sì, ce l'ho anch'io.»

«Ma è per questo che tu e la mamma non siete più insieme?»

«No, non è per questo.»

Parte un'altra scena, papà ha una montatura degli occhiali anni Novanta, mamma è giovane e bella. Ma lei lo è sempre.

STORIA DI MIA MAMMA E MIO PAPÀ

Appena prima o appena dopo, adesso non ricordo bene, aver scoperto di essere sieropositiva, mia madre perde il lavoro in questo club appena fuori Milano. Un bel posto, un bel gruppo di amici con cui lavorare, ma niente, cambia la proprietà, se lo comprano gli inglesi che vogliono decidere tutto loro e rimpiazzano lo staff. Mia madre, insieme a tutti gli altri, viene liquidata. Adesso bisogna ricominciare da capo: è esperta, ha buona volontà, lavora un po' in vari ristoranti, si cura, prende le sue pillole, ogni tanto sta male ma per la maggior parte del tempo la malattia è tenuta sotto controllo.

La vita di mia mamma però è una vita piena di svolte e, sempre nonostante con me i nonni siano così rigidi che non mi lasciano andare da solo nemmeno dietro l'angolo, lei decide di seguire un amico che ha aperto un ristorante a Lisbona. Lo so perché l'ho visto. Il ristorante, dico. Ma anche l'amico di mia mamma.

Lisbona è grande, bella, piena di case vecchie un po' cadenti, a due passi dall'oceano. Mamma abita un po' fuori dal centro e ancora più vicina al mare: ogni volta che si sente giù – mi ha raccontato un giorno – esce e va a fare due passi per guardare l'oceano. Mi ha fatto vedere dove: è bellissimo.

Il mare da dove abita lo sente sempre: basta che si alzi un po' di vento e hai queste goccioline salate che ti prendono in faccia e ti lasciano le macchie sugli occhiali. Almeno a me che ce li ho. Mia madre si trova bene a Lisbona: racconta sempre che erano tutti simpatici e, ogni volta che mi ci porta, appena scende dall'aereo le vengono gli occhi lucidi. E dice: «Gio, vedi, questo è il Portogallo».

Rimane lì in «questo è il Portogallo» qualche anno, poi, come con Londra, comincia a sentire un po' di nostalgia di casa, al ristorante dove lavora gli affari vanno meno bene, forse perché i portoghesi si sono fatti furbi e hanno imparato a cucinarsele da soli le linguine coi gamberi come le facciamo noi, e mamma torna a Milano.

Dove conosce mio padre che è il fratello di un suo buon amico. (Per quello che segue dobbiamo basarci solo sulla versione di mia madre.) Pare che papà cominci a farle una corte sfegatata. Le manda fiori, le fa un sacco di complimenti, la chiama continuamente, non perde occasione di essere carino.

«Ma lui lo sa? Lo sa???» chiede un giorno mia madre al suo amico. Che poi è il fratello di mio papà, nonché mio attuale zio.

«Certo che lo sa.»

Papà all'epoca ha già un figlio grandicello, Lorenzo, che adesso ha ventiquattro anni e mi portava sempre al cinema prima di partirsene, pochi mesi fa, in Erasmus, mannaggia. Ma anche lui bisogna che si faccia la sua vita e non può certo star sempre appresso a me.

Comunque.

I fiori o le gentilezze o tutte le battute che fa papà, come ne faccio tante io, funzionano, e papà e mamma si innamorano. Passano due anni sempre insieme, lavorano insieme, vivono insieme, si vogliono bene.

Si mettono a pensare che vorrebbero avere un figlio. E fanno di tutto perché io nasca senza che il virus passi. Ma le cose non vanno come sperano. In ospedale fanno degli errori e, di colpo, anche se per dodici anni lo ignoro, sono anch'io nella banda.

Sono di nuovo nel salotto di papà, giochiamo alla PlayStation, facciamo *Fifa 2016*, papà è ancora troppo forte per me. Mi fa un gol dopo l'altro e mi sfotte, ma oggi meno del solito per via del bonus.

Ordiniamo una pizza e ce la mangiamo come due amici davanti alla televisione. Papà si beve anche una birra ma per quella dice sempre che devo aspettare ancora un po'. Anche se lo dice come se morisse dalla voglia di bersene una con me.

«Pa', ma non ti faceva paura che la mamma avesse l'Hiv?»

«No.»

«Perché?»

«Perché mi piaceva lei con tutto quello che comportava.»

Mi metto il pigiama e papà capisce che non sono proprio del tutto tranquillo e, per cercare di metterla sul ridere come faccio sempre io, dice: «Almeno non dovrò più svegliarmi alle quattro per prendere le medicine».

«Perché?» gli chiedo.

E lì mi spiega che da sempre si alza dal letto a notte fonda perché io non lo veda mentre assume le pillole. Anche perché, aggiungo io, papà fa il cameriere, fa spesso tardi la sera e la mattina non si sveglia neanche con le bombe.

È tardi, mi infilo nel letto, papà nell'altra stanza parla al telefono con qualche amico, e io addormentandomi mi dico che un po' questa cosa nuova, questa cosa che so di avere l'Hiv, non mi dispiace poi tanto. Perché questa storia delle gambe ormai la sanno tutti, per cui quelli che non mi conoscono magari la prima volta sono un po' più gentili con me, perché vedono che faccio fatica a camminare, ma quelli che mi conoscono da tanto tempo un po' ormai se ne fregano e un po' lo danno per scontato. E quindi pian pianino cominciavo a pensare di essermi perso un po' del mio bonus che prevede che a ogni sfiga debba corrispondere un po' di culo, a ogni malattia un supplemento di amore.

Hai le gambe traballanti: e allora un po' più di caramelle quando sei piccolo, un po' più di carezze, un po' più di attenzioni quando cominci a diventare più grande e un fiammante posto disabili quando la mamma ti porta a fare sport, a comprare qualcosa, a fare delle commissioni e tutte quelle cose a cui cerco di non rinunciare nonostante le mie gambe che traballano.

Lo scrivo e mi accorgo che vi manca un pezzo. Eccolo, sinteticamente.

STORIA DELLE GAMBE DI GIOVANNI E DI GIOVANNI QUANDO È NATO

Ho sei mesi, sono un neonato delizioso (credo), ancora senza occhiali, ricciolino (immagino).

Improvvisamente mi ammalo, è estate, non siamo a Milano e mi prendo la polmonite. Respiro pochissimo, in ospedale mi mettono sotto ossigeno, devono farmi una trasfusione, non c'è il sangue. Insomma, sopraggiunge un problema al sistema neuronale che colpisce la mia capacità di movimento.

Da quel momento in avanti la mia vita si fa molto speciale, a metà fra l'incubo per le difficoltà e il sogno di superarle: non gattono fino ai quattro anni e il mio primo go-kart è una carrozzina. «Non camminerà mai» dicono i medici a mia madre.

A quattro o cinque anni mi libero della carrozzina e giro con il deambulatore.

A otto sostituiscono il deambulatore con un treppiedi.

A dieci, il treppiedi con un semplice bastone.

E adesso riesco persino a giocare a calcio.

«Sai cosa dicevano i medici di te, quando eri ricoverato? Che sei un guerriero, giuro!» mi racconta mia madre quando sono giù di morale.

«Dove giochi?» mi chiedono invece i ragazzini quando parliamo di calcio.

«In porta.»

Solo in porta?

E Buffon?

E Neuer?

Da che parte è l'Ucraina?

"LE PAROLE A VOLTE SAN FARE PIÙ MALE
DI UN PUGNALE NEL CUORE
QUINDI TU NON STARMI A GIUDICARE
PERCHÉ CIÒ CHE APPAIO A VOLTE
È SOLO PER NON FARVI SAPERE
CHE SONO PEGGIO DI OGNI DIAVOLO ALL'INFERNO."

Comincio a pensare a quale nome dare a questo nuovo problema che è dentro di me. Perché se uno gli dà un nome, già si è portato avanti.

Soprattutto penso che devo sbrigarmi a far sapere alla setta che ci sono anch'io. Perché ad avere un superpotere, e non poterlo dire a nessuno, che gusto c'è?

«Non parlarne con nessuno fuori di qui, fa' attenzione Giovanni, molta attenzione» si raccomanda la dottoressa Giacomet, la responsabile del reparto. Quello che già mi hanno ripetuto mia madre, mio padre e la psicologa.

Ma per fortuna la dottoressa non mi dice solo cose brutte. Me ne dice parecchie belle.

Che da grande potrò avere dei figli non malati. Che potrò avere una moglie e che, se continuo a tenere sotto controllo il virus e a prendere le medicine come ho fatto finora, non le attaccherò mai nulla.

Mi fa l'esempio di Federico, che io non conosco ma me ne hanno già parlato tutti tanto. Lui si è sposato con una ragazza sana. «Sieronegativa» dice la dottoressa, felice di sottolineare che è riuscito a farsi una vita.

E comunque certo, certo che non ne parlo con nessuno fuori di qui. Me ne sto zitto, tengo il segreto. Non ne parlo con le insegnanti a scuola, non ne parlo con i compagni, non ne parlo con gli amici dell'oratorio e, soprattutto, acqua in bocca con quelli del calcio che altrimenti non mi fanno più fare il portiere e la mia carriera va a farsi benedire.

Mi è capitato altre volte di tenere dei segreti, cose che ho volutamente nascosto a mia madre per un po'. Ma questa non è di quelle che a un certo punto ti stanchi e allora prima inizi a farla trapelare e poi alla fine confessi. Ho la sensazione che qui la faccenda sia molto diversa. Perciò, per non rischiare di parlarne con le persone sbagliate, meglio che mi sbrighi a farlo con qualcuno dei «nostri». Dei «nostri» sì, perché in fondo siamo una setta.

Come ogni gruppo con un segreto, non si entra a farne parte in un giorno, bisogna muoversi con circospezione, instaurare i primi rapporti.

Aspetto uno, due, quasi tre giorni, finché per fortuna arriva il sabato, che per me e gli altri del Sacco non è solo un giorno senza scuola, è anche giorno di teatro. Stiamo preparando uno spettacolo, un modo per stare insieme e divertirci, ma questo già prima di sapere del segreto.

Arrivo e, nonostante le facce e le stanze che l'ospedale ci mette a disposizione siano sempre le stesse, mi sembra tutto diverso. Per la prima volta guardo i miei amici, un viso dopo l'altro, pensando che siamo una bella banda di sieropositivi in incognito. Dove sono le magliette, qual è la parola d'ordine?

Prima regola del Fight club, non parlare mai del Fight club... Com'è che era?

Siamo come delle rockstar o qualcosa del genere e vorrei sapere la storia di ognuno. Qual è il Luís da cui tutto è cominciato anche per loro? Come sono arrivati dove sono arrivato io? Vorrei abbracciarli tutti, improvvisare qualcosa di plateale, anzi teatrale, vista la ragione per cui siamo qui, ma sono giorni che mia madre mi implora di fare attenzione. E io ho tutto quello che mi serve: so chi fra i miei compagni custodisce il segreto e chi ne è ancora all'oscuro.

C'è un regista (Lui sa che siamo sieropositivi? Sì, sicuro che lui lo sa. Come avrà fatto a non farsi mai sfuggire nulla, penso) e questo regista ci aiuta a mettere in scena l'*Eneide*.

La storia è bella. Enea deve scappare dalla sua città, Troia, che è in fiamme e nelle mani dei nemici, e attraversa in barca tutto il Mediterraneo fino ad arrivare in Italia dove fonda Roma che al tempo non c'era ancora.

Questa è la storia vera, a cui abbiamo fatto qualche aggiornamento, come la scena in cui Enea lascia una donna conosciuta nel viaggio mandandole un sms, che non credo sia esattamente come l'aveva scritta Virgilio, l'autore.

Chi sono io, che ruolo mi hanno dato?

Enea! Sì, giuro, proprio lui.

Lo scrivo e penso che ogni tanto, giuro di nuovo, mi prenderei a sberle. Soprattutto tutte le volte che vedo quanto è lunga la parte che devo imparare.

Ma ho rispettato il mio personale copione. «Su, ragazzi, chi vuole fare Enea?» ha chiesto il primo giorno il regista del corso di teatro.

«Io, io» ho alzato la mano urlando come un pazzo.

Mi sono guardato intorno. Il vuoto. Silenzio di tomba. Forse che..., ho cominciato a pensare.

«Va bene, Giovanni. Se per gli altri è ok, lo farai tu.»

Nessuno ha insistito, nessuno ha lottato per sottrarmi la parte e, poco tempo dopo aver gioito per il mio immenso carisma, è cominciata questa solfa che va avanti ormai da mesi.

Giovanni, dai, muoviti.

Giovanni, concentrati.

«Giovanni, tocca a te» dice anche in questo momento il regista, ma oggi sono più distratto del solito.

Penso a quello per cui sono lì, che non è il teatro, e ho ben chiaro chi debba essere il primo con cui devo confrontarmi. Uno di cui non vi ho ancora parlato, anche se è come se lo conosceste già: André. È da lui che voglio cominciare. Tutti i rap, le poesie, le strofe, i versi (Cosa cavolo sono, André, io non l'ho capito, ma mi sa neanche tu) che ho messo fin qui a inizio capitolo sono suoi.

André.

André non è uno qualsiasi. Ricordo che un giorno, mentre eravamo insieme durante una qualche attività, ho visto passare un elicottero sopra la mia testa. Da piccolo gli elicotteri mi affascinavano moltissimo e ogni volta che ne vedevo passare uno prima mi mettevo a urlare dalla gioia e poi cominciavo a piangere. Per il dolore di non poterci salire sopra. Non so, mi sembrava un'ingiustizia. Era come un'ossessione.

Quella volta con André ho pianto. Lui, che era a pochi metri da me, si è avvicinato.

«Perché piangi Gio, che c'è?» mi ha chiesto.

Non lo conoscevo tanto e forse quella era la prima volta che parlava proprio con me.

«L'elicottero» gli ho detto.

«Ti fa paura? Ti dà noia il rumore?»

«No, è che vorrei salirci. Dev'essere bellissimo. E non poterlo fare... insomma, me le fa girare.»

André è rimasto un momento a pensarci ma poi non mi ha detto le solite cose: che non aveva senso, che cosa andavo a pensare... Tutte quelle cose che dicono i grandi perché hanno smesso di essere bambini da talmente tanto che non riescono neanche più a immaginarsi quello che sognavano da piccoli. André invece mi ha dato la risposta di un bambino che pensa come un adulto, o di un adulto rimasto bambino. Che forse non sono la stessa cosa ma per me vuol dire essere rimasti con la testa a posto.

«Quanti anni hai, Giovanni?» mi ha chiesto André.

«Otto.»

«Bene, otto. Quindi ci vorrà ancora un po' di tempo perché tu possa salirci. Ma qui sta il bello: proprio per il fatto che dovrai aspettare tanto, quando ci salirai sarà ancora più emozionante.»

Io sono rimasto un po' lì a pensarci e mi sono accorto che per una volta era una risposta che mi serviva a capire e ad avere fiducia. Da quella volta non ho più pianto per gli elicotteri.

E quindi lo guardo anche oggi, lo guardo mentre prova la sua parte con un altro ragazzo, aspetto che capisca che ho bisogno di lui e riesca a farmi smettere di piangere anche questa volta. O di preoccuparmi. O di pensarci.

Osservo André ma anche Mario, un altro dei grandi, e faccio strani tentativi perché durante la pausa vengano dove sto seduto io. Gesticolo verso di loro ma quelli o non si accorgono o semplicemente interpretano i miei vari segni come conferma del fatto che sono un po' strambo.

Mia madre resta a distanza, scrive messaggi alle sue amiche col cellulare ma vedo che spesso alza gli occhi, come se oggi dovesse stare attenta a me più del solito.

Le due ore di teatro passano, io cerco in continuazione di trovare un momento per stare da solo con André ma niente. Sto già andando verso la macchina con mia madre quando finalmente mi sento chiamare. E capisco subito chi è.

«Gio» mi fa André con quella sua voce cavernosa, che sembra sempre troppo da grande per il sedicenne che è. Forse è così perché è ucraino, forse in Ucraina parlano tutti come lui, non so. Quello che so è che non ne conosco un altro di sedicenne con una voce così.

«Cosa volevi dirmi?» chiede, mentre io per darmi un tono allontano mia madre, facendole capire che adesso siamo fra uomini ed è il caso che lei ci aspetti in auto.

«Me l'hanno detto.»

André deglutisce. «Cosa?» chiede. Non perché sia stupido. Giusto perché non è uno che prende rischi inutili.

«Ho capito perché parlavi con Fabri e poi smettevi quando mi avvicinavo.»

Silenzio.

«Cazzo, smettila André di far finta di non capire. Lo so benissimo che anch'io ho l'Hiv. E che era di quello che parlavi con Fabri.»

«Ti va una Coca?» mi chiede. «Te lo riporto subito» dice poi rivolto a mia madre, che si è allontanata solo di pochi metri. Come se dovesse sempre rimarcare che qui l'unico bambino sono io.

Ce ne andiamo verso un distributore, mi prende una Coca come promesso e io aspetto che parli. Ha questa maglietta stretta con le maniche corte da cui sporgono due avambracci muscolosi. Il pensiero su come se li sia fatti occupa il mio cervello per almeno un paio di secondi. Poi, quando inizia a parlare, mi viene in mente anche un'altra cosa. Che André sembra capace di aiutare tutti tranne se stesso.

È come con le cose che scrive. Sono settimane che gli dico di metterci della musica, di fare un video, di postare qualcosa su YouTube. È così facile: io mi sono fatto fare un'intervista l'estate scorsa e adesso ho cinquemila visualizzazioni. Sì, sarebbe meglio tre milioni ma questo è. Un po' di pazienza.

BREVISSIMA STORIA DEL MIO VIDEO SU YOUTUBE (ANCHE PERCHÉ NON C'È GRANCHÉ DA DIRE)

Estate 2015. Sono nelle Marche con mamma. Partiamo quasi sempre in gruppo, con alcuni suoi amici, è bello ma finisce il più delle volte che mi annoio a morte perché i grandi hanno una specie di talento nel trovare posti in cui non ci sono ragazzini. Abitiamo in una stradina senza macchine – perfetto per giocare – ma nessun essere sotto i quaranta in vista. Se non bambini di due o tre anni totalmente inutilizzabili per qualsivoglia attività, dalle carte al calcio.

Un giorno conosco un uomo sui trenta. Mi dice che fa il regista e che sta lavorando a un progetto di videointerviste con ragazzi della mia età.

«Ti va se ti faccio qualche domanda?» mi chiede.

«Se mi va?» rispondo io tutto pimpante.

«Ti posso filmare?»

«Ci manca che tu non lo faccia.»

Mi intervista per una decina di minuti e poi posta il video. È prima della scoperta dell'Hiv, non so ancora di averlo.

(Vi sto raccontando di questo video e c'è una cosa che mi fa star male: se vi indicassi il link a cui guardarlo sono sicuro che voi lo guardereste e fareste salire le visualizzazioni. Ma violerei la regola del silenzio e già vedo mia madre, la Giacomet, Simona, tutte insieme che urlano il mio nome facendolo seguire da insulti. E quindi, per tornare al punto, non ve lo svelo e resto impantanato intorno alle cinquemila. Visualizzazioni, dico.)

«Hai ragione Gio, non ci avevo pensato» mi ha detto quella volta André riferendosi al mio consiglio. Perché, per come la vedo io, che gusto c'è a fare una cosa se non puoi far sapere a tutti che l'hai fatta?

«E adesso? E adesso cosa devo fare?» gli chiedo io interrompendo il silenzio, visto che ci siamo tutti e due incantati. «Tu hai sedici anni, André, hai avuto diverse ragazze, sei grande. Insomma, cacchio André, parla.»

Mia madre, la dottoressa Giacomet, mio padre, Simona la psicologa: lo so che su di loro potrò sempre contare ma con i ragazzi della mia età, con le ragazze, cosa succederà? Che cosa penseranno di me?

Provo a fare mente locale su qualche personaggio famoso malato di Hiv ma mi viene in mente solo Freddy Mercury. Morto. E quando sento André parlarne è come se scoprissi per la prima volta in questo momento che è vero. Che ho l'Hiv.

«Ti dico la stessa cosa che ho detto tante volte a Fabri.»

«Quale?»

«È semplice. Inizia tutto da una domanda. Come hai vissuto fin qui?»

Mi chiedo se sia stato troppo *Karate Kid* o troppo *Star Wars* a rendere André così enigmatico. O magari qualche remake squattrinato che si sono inventati in Ucraina che tanto chi li va a beccare laggiù.

«Bene, ho una bella vita» decido comunque di rispondere.

«E allora?»

E allora? Ma che domanda è?

«E allora cosa?»

«E allora vuol dire che non cambia niente. Non sei malato, non ti sta succedendo niente di nuovo. La sola differenza è che adesso sai il motivo per cui devi prendere le medicine. Sai che non devi sgarrare. Sai che dovrai ricordartelo sempre quando sei insieme ad altre persone. Vuol dire che sei diventato grande.»

«Mi sa che stavo meglio prima.»

Su questo persino André non ha niente da aggiungere. Sentiamo i nostri compagni che si avviano verso l'uscita, qualcuno saluta con la mano, altri lanciano un ciao ma senza avvicinarsi, come se attorno a noi due si fosse creato un campo magnetico.

«Non ci credo che Fabri non si è cagato sotto quando l'ha saputo. E neanche tu.»

«Io ero più piccolo di te quando l'ho saputo. Ma a te chi l'ha detto?»

Gli spiego dei fili, dell'acquario, della neurologa e di me che entro all'improvviso nella conversazione.

«Le cose normali non ti vengono bene» dice André. Vedo che vorrebbe sorridere ma André non sorride mai. Lo faccio io, anche per lui. Il suo mi sembra un gran complimento.

«Domani devo andare in Ucraina.»

«A far cosa?»

«Per fare il passaporto.»

«Per quanto te ne vai?»

«Non so, un po'.»

«E io cosa faccio nel frattempo?»

«Tu vai a parlare con Federico.»

«Ah, quello del matrimonio.»

«Sì, quello del matrimonio. Ma tu chiedigli del radar. Magari ti aiuta anche a sposarti.»

«Fottiti André. Che cacchio è il radar?»

«Digli così. Il radar. Mando il numero a tua mamma.»

Lo dice e mi ricordo che non ho ancora un cellulare e adesso questo diventa il mio peggiore cruccio. Dio santo, ho dodici anni, quasi tredici, com'è possibile?

Stabiliamo un contatto

"MI DISSERO CHE SE FOSSI STATO ATTENTO NON MI SAREI FATTO MALE.
NON HO ASCOLTATO NESSUNO E HO SBATTUTO IL MENTO.
E ADESSO VIAGGIO COL CUORE SPENTO.
ALCUNI MI DICONO: 'SEMBRA CHE TU NON HAI UN SENTIMENTO',
MA LORO NON SANNO IO QUANTO HO PIANTO.
È LA DURA VERITÀ:
CHI DÀ TROPPO SEMPRE UNA PUGNALATA PRENDERÀ."

Un giorno sono da papà. Mamma lo chiama al telefono e poi gli chiede di parlare con me.

«Gio, l'ho trovato.»

Silenzio. «Il virus?»

Virus scomparso da anni viene improvvisamente ritrovato. «*Sapevo che ce l'avrei fatta*» *dice la madre commossa davanti alle telecamere. Foto di lei con una provetta in mano al cui interno si intravede una specie di coccodrillino.*

«Che cosa? Che cavolo hai trovato, mamma?»

«Non ti ricordi più? Te l'avevo promesso per il tuo compleanno.»

«Il telefono?

«Sì.»

«Mamma era sei mesi fa.»

«Lo so, ma lo stavo cercando.»

«Noo, davvero, mi hai comprato il cellulare?» dico saltando improvvisamente in piedi.

«Non ancora. Però l'ho visto. Ce n'è uno che va bene per te e che non costa troppo. C'è una promozione all'Esselunga.»

«Allora muoviti, mamma. Dove sei, perché non sei ancora qui? Vieni subito, scendo.»

Metto giù e mi precipito verso la porta strappando il giubbotto dall'attaccapanni. Per due volte mio padre mi sfila la giacca di dosso e lotta con me per tenere chiusa la porta di casa e non farmi uscire, prova a farmi ragionare dicendo che ci vorrà almeno mezz'ora. Dice soprattutto di calmarmi.

Io non so come far passare il tempo, sono eccitatissimo, lo sfido alla PlayStation ma mi straccia più del solito perché io ho la testa altrove, al cellulare, a come sarà e a quello che ci potrò fare. Mi immagino già mentre lo estraggo dalla tasca a sorpresa davanti a tutti i miei compagni, come l'eroe di un film western con la pistola.

Finalmente il cellulare di papà squilla, guardo giù dalla finestra e vedo l'auto di mia madre. In un attimo sono sul sedile del passeggero.

«Accelera, mamma, accelera» le dico, neanche fossimo nel bel mezzo di un inseguimento. Lei scuote la testa. In quella che sembra un'eternità, ci ritroviamo al parcheggio del centro commerciale. Entriamo, so dove devo andare, non c'è un secondo da perdere, mollo mia madre dietro di me insieme al mio bastone che lascio cadere a terra e in un attimo mi porto davanti alle vetrinette degli smartphone.

Vedo un ragazzino con gli occhiali tondi riflesso che sorride come un pazzo: ah, sono io. Guardo oltre ed è pieno di bigliettini «superofferta/promozione». Individuo subito il mio. Gli altri sono meglio, ma comunque non è male.

«Ti piace?» chiede mamma.

«Sì che mi piace. Diamoci una mossa però che sennò la promozione finisce.»

Sono tutto gasato e la cassiera di diciott'anni o poco più, con un piercing al naso e un meraviglioso tatuaggio mezzo giapponese sul braccio, mi guarda come fossi uno sfigato per quanto sono eccitato e si comporta come una che neanche se lo ricorda più quando hanno comprato il primo a lei.

«Bello il tatuaggio» le dico mentre mi accorgo che sto solo peggiorando la situazione.

Paghiamo, usciamo e ci spostiamo con l'oggetto dei desideri in mano in un altro negozio per comprare la scheda, che nel giro di un po', un po' troppo, comincia a funzionare.

Trascorro le ore che mi dividono dall'attivazione abbracciato al telefono perché non posso rischiare che cominci a funzionare senza che io lo sappia immediatamente.

Eccoci, ci siamo: sparo subito tutte le pallottole a disposizione. Installo prima WhatsApp, poi Angry Birds e inizio a smanettare. È una favola, supero i livelli come niente.

In sottofondo mia madre dice cose assurde tipo: «Fra un po' smetti, devi fare i compiti», ma, appunto, è un sottofondo, non credo di dover veramente ascoltare né tantomeno dare un qualche seguito alle sue parole.

Due ore dopo prendo fiato e mi ricordo improvvisamente che pur sempre di un telefono si tratta.

E adesso chi cavolo chiamo, mi domando con la rubrica che dice «contatti zero».

«Ma', dammi il numero di papà.»

Compongo e premo la cornetta verde. Tanto per vedere se funziona.

Lui risponde dopo un po', come uno che si sta dicendo che quel numero sconosciuto che gli compare sul display appartiene a qualche call center o a un agente delle tasse.

«Sì...?» si limita a pronunciare sospettoso, pronto a riattaccare.

«Papà, ciao, mi senti, ti sto chiamando dal mio numero. Memorizzalo, mi senti bene? È la prima chiamata che faccio.»

«Forte e chiaro» dice tutto allegro, e da come lo dice penso che deve essere una qualche battuta dei suoi tempi. «Ti sento benissimo Gio» aggiunge, e poi va avanti a parlare, mi racconta la sua giornata.

Questa cosa del mio telefono l'ha preso, parla, parla, e io provo a fermarlo senza riuscirci.

«Pa', mi finisce il credito» riesco finalmente a dire.

«Come?»

«Il credito. Ho solo cento minuti al mese.»

«Ah scusa, non ci pensavo, dai, ciao ciao, ci vediamo presto» dice rapido e mi dispiace che non gli venga in mente di fare la cosa più ovvia: chiamarmi lui per farmi andare avanti a usare il mio telefono nuovo. Che guardo e riprendo subito in mano nella modalità «giochi».

«Basta Gio, te lo tolgo!»

Non posso più giocare.

«Serve per chiamare» dice lei.

Ma mio padre l'ho già sentito e già non so più davvero cosa farmene.

«Ma', mi dai il numero di André?» le chiedo, più che altro come scusa per non staccarmi dal mio regalo.

«Bravo, scrivigli, che si sentirà solo in Ucraina.»

Apro WhatsApp. Da cosa posso cominciare?

Sei già in Ucraina?

Sì.

Quando torni?

Non so. Spero presto.

Mi spiace.

Anche a me.

Che fai?

Pesco.

Bello.

Abbastanza.

Mettici la musica.

?

Ai rap. Mettici le basi. Ti mando un link dopo. Te le scarichi gratis.

Gio...
Cosa?
Federico... il radar. E grazie!
André...
Cosa?
Forse conosco una persona che conosce GionnyScandal.
Mi piacerebbe conoscerlo. Cavolo!
Ci penso io.
☺
Potresti fargli sentire le tue cose.
...
Però ti devi svegliare.
Cosa?
Le basi.
Il radar.
Grazie.
Grazie.

«Gio, è pronto!» Arriva in lontananza una voce dal pianeta Terra.

Federico

"STELLE IN CIELO COME ANCHE GLI ANGELI
MA NOI ABBIAMO CAMMINATO TANTO
E ORA ABBIAMO LE GAMBE STANCHE."

«Troviamoci in piazza Cordusio» mi dice Federico al telefono come se fossimo in un film di spionaggio e dovessimo scegliere un luogo il più possibile frequentato per non dare troppo nell'occhio. Forse dovremmo assegnarci anche dei nomi in codice. Questi sono in una setta da anni e non uno che ci abbia pensato, mi dico sconfortato mentre mi reco all'appuntamento.

Arrivo con largo anticipo. Per perlustrare la zona. O più semplicemente perché non ho voglia di stare a casa a fare i compiti e allora obbligo mia madre a uscire un'ora prima.

«Sono in zona col taxi. Sì, faccio il tassista, non so se André te l'ha detto. Per te è comodo Cordusio, come vieni?» mi ha chiesto.

E come vuoi che venga, mi chiedo io. Sembra quasi che superati i venti le persone diventino tutte un po' più tonte. Ho dodici anni, abito a Lambrate, a camminare non sono proprio un fulmine: mi porta mia madre, no?

«In macchina. Con mia madre» rispondo con il migliore dei miei toni educati perché Federico non lo conosco ancora ma già ci tengo a lui.

Questa del taxi non la sapevo e Federico adesso non è più solo quello del matrimonio, quello del «vedi che puoi avere una vita uguale a quella di tutti gli altri», ma anche uno con un lavoro fico. Malgrado faccia domande stupide come quella del «come vieni?».

Cacchio, tassista! L'idea di uno che ha la sua macchina, che può andare dove vuole, che tira su chi gli pare, decide cosa ascoltare all'autoradio, quali itinerari scegliere, mi sembra la cosa più vicina al concetto di essere grandi che riesco a immaginare. Ma un essere grandi bello: libero, autonomo, non quell'essere grandi degli adulti attorno a me che si lamentano del lavoro, non sono mai contenti e si dicono sempre stanchi morti.

I grandi che conosco io sembrano tutti un po' imprigionati: mia madre che lavora troppo, mio padre che fa tardi al ristorante e poi è stremato, quell'altro che si è separato ed è preoccupato per i figli, i nonni che sono in pensione ma hanno paura di tutto e da anni vorrebbero fare un viaggio ma poi alla fine non se la sentono mai di allontanarsi da casa.

La piazza è grande, piena di negozi e ristoranti, e dico a mia madre di tenersi un po' a distanza. Come spesso mi capita, un po' sono contento di essere lì con lei e un po' mi vergogno perché non c'è niente di più «ragazzino» che presentarsi ovunque con la propria mamma. Soprattutto se quello che incontri è uno che fa il tassista e magari ha appena tirato su un tizio che gli ha detto: «Segui quella macchina ma senza farti scoprire, ti do cinquecento euro».

Federico spunta da una Multipla bianca, agita la mano verso di me e mentre lo guardo avvicinarsi mi dico che, be', allora non è solo mia madre a essere un Highlander, non è solo lei a essere arrivata ai quaranta. Federico ne ha meno, trenta forse, ma sta chiaramente bene, non sembra neanche così tanto sieropositivo.

Ci salutiamo, si comporta come se mi conoscesse, facile che qualcuno l'abbia messo sull'avviso: «Vedrai Giovanni, è uno un po' matto, fa sempre lo scemo e ha le gambe traballanti».

Mamma è tutta contenta di lasciarci, perché può andare da Decathlon che è proprio lì davanti, e con Federico ci avviamo verso il parco.

Mi conquista subito chiedendomi se voglio una Coca, intanto che lui si ordina una birra. Ci sediamo su una panchina, Federico si stappa la bottiglia con l'accendino come non ho mai visto fare a nessuno, si accende una sigaretta e quando cominciamo a parlare è come se avessi almeno diciotto o vent'anni e tutto quello che ho sentito in questi giorni mi sembrasse roba da niente. Davanti a noi c'è il Castello Sforzesco: bello, grandissimo, con le feritoie e il fossato. Dicono che ci torturavano la gente ma non so se è vero.

«André mi ha detto che volevi sapere del radar.»

«Dove vi siete conosciuti?» chiedo.

«Secondo te?» dice un po' strafottente, ma senza quella voglia che hanno certi di farti rimanere male.

«Non ti vedo mai al Sacco» faccio io.

«Ho trent'anni. E quello è un reparto di pediatria.»

Gli cito almeno tre nomi di suoi coetanei che sono sempre lì.

«Anche questo è vero» dice Federico.

«Forse è perché hai il radar.»

«Cosa?»

«Che non ti serve venire al Sacco.»

Si mette a ridere.

Guardo il Castello, penso alle torture durante gli interrogatori e mi dico che sto resistendo bene. Sto combattendo con me stesso per non parlare con nessuno dell'Hiv: ce la faccio ma è strano avere segreti così grossi alla mia età. Uno può stare due giorni senza dire alla mamma che ha preso una nota ma poi la firma bisogna che ce la metta e allora finisce che glielo dice. Oppure uno non racconta che a scuola un bambino lo prende sempre in giro e lo fa soffrire, ma poi mamma chiede cosa c'è una, poi due, poi tre volte, e alla quarta le spiattelli tutta la storia.

Invece qui non si può.

«Non devi dirlo» comincia Federico.

Ti pareva.

«Devi stare il più attento possibile.»

Mi chiedo se valeva la pena venire fin qui e se non sarebbe stato meglio che entrassi anch'io da Decathlon. Ci sono certe magliette...

«Me l'hanno già detto» sbuffo.

«Immagino. Ma è la prima cosa. Neanche con le insegnanti, neanche nei temi, sul diario...»

«Nei temi?»

«Sì, uno dei ragazzi del Sacco una volta mi ha raccontato di averlo scritto in un tema dopo averlo scoperto. Il tema era una cosa tipo "Racconta un momento importante della tua vita" e lui ha scritto di quando gli hanno comunicato che era sieropositivo. La prof l'ha letto e ha praticamente chiamato i pompieri per far evacuare la scuola.»

«I pompieri?»

«Scherzo, Gio, era per dire.»

«Ah, avevo capito» gli faccio imbarazzato.

«Non è stata una buona idea.»

«E tu?»

«È un po' lunga, hai tempo?»

«Sono un ragazzino, non ho un cavolo da fare» gli dico, ma poi guardo il telefono perché so che mia madre fra poco verrà a prendermi e temo che Federico sia uno di quelli che non arrivano mai al punto.

«Sì, ma sul radar voglio una risposta entro stasera» gli faccio serio.

«Perché?»

«Spicciati.»

«Dunque, avevo più o meno la tua età. I miei erano tutti e due già morti e stavo coi nonni.»

Glielo sento dire e mi accorgo di come in tutti questi anni non abbia mai ragionato su niente. Sono tonto, penso per un attimo. Come ho fatto a non chiedermi il motivo per cui la maggior parte dei ragazzi del Sacco sui trenta era senza entrambi i genitori? Va bene che uno può perdere la mamma. Magari il papà. Ma sei o sette contemporaneamente che hanno perso tutti e due dovrebbe suonare strano, no?

Federico parla e io penso che nel giro di una settimana sembro quello di *Karate Kid* che prima non sa niente e poi incontra questo vecchio con pizzetto e baffi che gli dice: «Dai la cera con la destra, togli la cera con la sinistra», e il ragazzo vorrebbe scapparsene ma poi di colpo capisce che 'sto tizio coi baffi strani gli ha insegnato il karate, mica a fare i mestieri.

«Per la maggior parte del tempo giocavo in cortile con questi due amici. Calcio, corse, nascondino, facevamo tutto insieme» continua Federico.

Sì, è uno che la fa lunga.

Si mette a spiegare che quando non era con loro era perché era da qualche parte con un'associazione, Arkè mi sembra, una via di mezzo fra una colonia e l'oratorio dove vado io. E che ad Arkè c'era una ragazza, Maria, che incontrava sempre, che gli piaceva.

«Mi avevano detto che Maria aveva dei problemi con i genitori, che i suoi non avevano tanti soldi e che viveva con delle famiglie che la tenevano. Era proprio un'amica, parlavamo di tutto – dice Federico –, parlavamo di quello che volevamo fare da grandi, delle cose che ci divertivano, della musica che ascoltavamo. Ci capivamo moltissimo, forse anche perché ci assomigliavamo.»

Lo ascolto e mi viene in mente quello che ho pensato un mese fa di me e J-Ax dopo aver letto su un giornale un'intervista sui suoi gusti.

Colore preferito di J-Ax: rosso.

Come il mio.

Piatto preferito di J-Ax: coscia di pollo.

Uguale per me.

Erano già due e mi ero detto che io e lui ci assomigliamo. E che J-Ax mi piace perché mi sembra un po' matto: quando lo guardo in televisione penso che secondo me a scuola era di sicuro uno che urlava nei corridoi e cercava di far ridere tutti. Come me.

Ma sono qui con Federico e mi sto distraendo, invece dovrei ascoltarlo anche se la sta prendendo un po' troppo alla larga.

«Quando andavo a queste gite chiacchieravo sempre con Maria, stavamo sempre vicini sul pullman.»

A un certo punto però Maria gli aveva chiesto una cosa importante.

«Tu lo sai, no, perché Paolo è qui. E Angelo. E Antonio.»

«Boh, no» le aveva risposto Federico.

«Come no? È perché sono sieropositivi.»

Cazzo, che sfiga, aveva pensato Federico. E lo stesso penso io mentre lo ascolto.

«Guarda che qui lo sono tutti» aveva aggiunto Maria.

«Ero rimasto un po' stupito – riprende –, ma niente di più. Finché, chissà come, più passavano i minuti e meno avevo voglia di parlare con lei. Per la prima volta la sua voce un po' mi infastidiva. Mi rifiutavo di pensare che mi stava mettendo sulla strada giusta e che mi bastava fare due più due per trarre le conseguenze delle sue parole. Avevo in mente solo una cosa: che me ne volevo tornare a casa, dai nonni, e starmene un po' per i fatti miei. Come quando da bambino giochi a calcio con gli amici, poi uno ti sfotte o l'altro ti fa fallo e ti viene voglia di prenderti il tuo pallone e corrertene il più possibile lontano da loro. Ero stufo di quella giornata: basta canti, basta battute, basta fare lo scemo con le ragazzine sul pullman. Non mi era ancora chiaro cosa dovessi fare: volevo solo liberarmi di tutti quei ragazzi che mi stavano addosso con quel loro carico di sfiga. Cosa c'entravo io con loro? Sono tornato a casa, mi sono preso una Coca bella fresca dal frigo, mi sono chiuso nella mia cameretta e ho cominciato a riflettere su cosa volesse dire quella cosa che mi aveva detto Maria.»

«Ma tu fin lì cosa pensavi di avere?» lo interrompo.

«Immunodeficienza» mi risponde Federico, che ride come uno a cui hanno fatto uno scherzo e non capisce come possa esserci cascato per anni. «Questo mi avevano sempre detto e io non avevo mai fatto troppe domande. Ma quel giorno ho ragionato per la prima volta sul fatto che le medicine che prendevano quei ragazzi che Maria diceva essere tutti sieropositivi erano le stesse che prendevo io. Perché la stessa cura, se io soffrivo di immunodeficienza?»

«Eh sì, perché, perché?» dico io facendo lo spiritoso.

«Quindi ho cominciato a torturarmi. Non c'era internet – o forse c'era ma di sicuro non avevamo ancora la connessione a casa –, altrimenti l'avrei capito in un secondo» dice, e io che lo ascolto per un attimo penso a quanto assurdo possa essere per me immaginare di stare senza internet. Non credo passi mai un'ora a casa senza andare a guardare qualcosa sul computer, dal cercare un paio di scarpe da sottoporre a mamma, a vedere qual è il passato remoto di «cuocere» perché me lo chiede un esercizio di scuola, o controllare se ci sono nuove visualizzazioni nella mia intervista su YouTube.

«Ma 'sto radar quindi?» gli dico mettendogli fretta visto che mia madre avrà ormai trovato quello che le serve e starà cominciando a pensare di chiamarmi per sapere dove siamo finiti.

«C'è un'altra regola oltre al radar» dice secco Federico.

«Quale?»

«Non l'hai capita?»

«No.»

«Che devi lasciarmi parlare, non stai zitto un secondo» mi dice facendo un grande sorriso.

Rido. Federico mi è simpatico e lo sento già come un amico.

«In quella stanza, da solo, non concludevo niente» ricomincia. Mi spiega che aveva una specie di enciclopedia ma che era vecchia e la parola Aids manco c'era. Aveva provato a cercare il nome della medicina che prendeva all'epoca ma niente, neanche di quella parlava.

Lo ascolto e penso che forse a quell'età non conosceva ancora la parola paranoia ma c'era dentro fino al collo. Io l'ho imparata da una canzone rap, credo di Fabri Fibra, che dice: «Ero già nel ventre della paranoia».

«Allora per rincuorarmi – continua Federico – mi sono detto: ora vado dalla nonna, lei mi dice "Cosa ti inventi, l'Hiv, ma figurati" e stop, la giornata ricomincia. Sì, adesso vado dalla nonna, lei mi dice "Cosa ti inventi" e la giornata ricomincia, mi sono ripetuto una seconda e poi anche una terza volta. Sono uscito dalla stanza bello carico ma quando ho visto che nel frattempo mia nonna doveva essere uscita per andare a fare la spesa mi sono sentito decisamente sollevato. Pericolo scampato, mi sono detto. Mi ricordo bene la sensazione, e mi sa che lì ormai avevo già capito. Il nonno però si era accorto che cercavo la nonna e mi ha detto una roba tipo: "Torna fra due minuti, ti serve qualcosa?". A quel punto ho pensato due cose: che non ne avrei parlato col nonno e che se la nonna si fosse attardata ancora un po' non lo avrei detto neanche a lei. Perché rovinarsi la giornata? Ma due secondi dopo eccola che arriva. "Federico ti voleva chiedere una cosa" le ha detto il nonno seduto davanti alla tele. "Dai, vieni in cucina – mi ha fatto lei – che intanto preparo la cena." Io ero lì che mi chiedevo come cominciare e lei di fronte, intenta a tagliare la cipolla per il soffritto. Le ho raccontato di Maria, di quella cosa che mi aveva detto, poi sono rimasto a fissarla sapendo che dalla sua reazione avrei capito tutto. Lei ha cominciato a tremare.»

«E tu?»

«Cazzo. Cazzo, ho pensato. A mia nonna erano venuti gli occhi rossi, lucidi, faceva paura. Il nonno non aveva sentito niente, c'era questo quiz in sottofondo, credo *Chi vuol essere milionario?*, e la nonna stava provando a ripetermi le solite cose. "Lo sai, Federico, soffri di immunodeficienza, te l'abbiamo detto tante volte." Ma era ovvio che mi stava confermando quello che ormai avevo capito. "Parlane con il nonno" mi ha detto poi, facendo finta di controllare qualcosa in cortile per non farsi vedere a piangere. E mentre io ero lì che cercavo di capire cosa fare, trovare le parole con il nonno, lui dal salotto mi ha chiesto come al solito un consiglio su una domanda di Gerry Scotti. "Federico, Unità d'Italia, tre possibilità: 1867, 1914, 1861. La sai?"»

Guardo per aria, un po' come la nonna, temendo che, se non direttamente il nonno dal salotto, sia Federico dal Castello Sforzesco a chiedermi di rispondere.

Unità d'Italia? Anno? Domanda di riserva?

Ma Federico sta parlando d'altro e questa non è un'interrogazione.

«“Nonno, ti devo chiedere una cosa” ho cominciato e lui per tutta risposta mi ha detto di parlarne con mia zia. E lì di “cazzo” ne ho detti almeno cento. Ero fottuto, avevo l’Hiv, o l’Aids, o non so bene cosa. Se era una risposta quella che cercavo, diciamo che l’avevo avuta.»

«Sei sicuro che da qui arriviamo al radar?»

«Sicurissimo. Ancora un attimo» prosegue Federico.

«In casa è calato un silenzio di tomba e, siccome mancavano ancora dieci minuti alla cena, sono sceso giù in cortile. I miei due amici non erano in zona, ho guardato se per caso erano sul marciapiede davanti a casa ma niente. Avevo proprio bisogno di vederli e quindi sono andato in un bar a pochi metri dal mio palazzo dove c’era un videogioco e ogni tanto, se qualcuno ci regalava dei gettoni, facevamo qualche partita. Ma niente, non erano neanche lì. Allora sono tornato in cortile e ho citofonato per primo a Mauro.»

Lo ascolto e so quello che sta per succedere. E mi dico quanto sono fortunato ad avere la madre che ho. Che sarebbe diventata pazza pur di spiegarmi tutto e rispondere a qualsiasi mia domanda.

Federico va avanti. Dice che Mauro lo aveva fatto salire, che anche i suoi erano praticamente già a tavola, perciò lo avevano salutato con affetto ma anche facendogli capire di sbrigarsi.

«Ti devo dire una cosa» aveva detto Federico a Mauro.

«Cosa?»

«Possiamo andare un attimo in camera tua?»

«Certo.»

«Sai, ho scoperto di essere sieropositivo.»

«Minchia» aveva detto Mauro rimanendo un po’ interdetto.

«Dai, vado, ti lascio mangiare» gli aveva risposto Federico salutando i suoi con la mano.

Da lì era andato da Fabio. Che l'aveva fatto salire anche se la madre diceva che stava scolando la pasta.

«Possiamo parlare in camera tua? Ti devo dire una cosa.»

«Spara.»

«Sono sieropositivo.»

«Cazzo.»

«Ti lascio mangiare. Ci vediamo domani allora.»

«Dopodiché non li ho più visti» mi dice Federico, che sembra stia vivendo tutto in quel momento nonostante abbia davanti un ragazzino che quando non è fan di J-Ax vorrebbe diventare Jim Carrey per poter fare le sue battute e far divertire tutti.

«Il giorno dopo – continua – sono sceso come al solito in cortile ma Mauro e Fabio non c'erano.»

Aveva citofonato prima a uno e poi all'altro ma le madri avevano risposto che erano fuori. Ci aveva creduto una volta, due volte, poi un giorno c'era il sole, la finestra della cameretta di uno dei due era aperta, e li aveva sentiti giocare alla PlayStation. Ridevano, scherzavano, esultavano quando vincevano.

«Avevo appena finito la terza media, i miei nonni prima erano sempre preoccupati perché passavo il mio tempo in cortile a giocare e non studiavo, adesso invece erano contenti perché avevo cominciato le superiori e stavo sempre in camera mia a studiare.»

Guardo Federico e comincio a capire la storia del radar.

«I vari papà e mamma avevano ordinato ai figli di non giocare con me e io sono stato quasi tre anni completamente da solo. Ho letto, studiato, pensato. Anche guardato un sacco di televisione. Robe orrende, quelle che fanno al pomeriggio per le casalinghe. E mi sono rotto i coglioni come non mai. Ma non avevo niente da fare. Poi un giorno ho cominciato a fare amicizia con quelli delle superiori, a uscire con loro e a frequentare le prime ragazze. Dopo la storia di Mauro e Fabio ho sempre saputo riconoscere le persone a cui lo posso dire e quelle a cui non lo posso dire. E da quel momento in poi non mi sono mai più sbagliato.»

«Ovvio, hai il radar» gli dico.

Mamma, ma tu ce l'hai il radar?

"TANTE VOLTE MI CHIEDO PERCHÉ,
SE NE VALE LA PENA
STAR COSÌ PER UNA PERSONA
CHE ORA NON È QUI."

Siamo di nuovo in macchina, sempre in questo trabiccolo per spostarci da un posto all'altro: la vita mia e di mia madre sembra *Duel*, ma per fortuna non c'è nessun camion assassino che vuole speronarci o che ci insegue.

Lo conoscete? *Duel*, dico.[xxx]

[xxx] È UN FILM CHE HO VISTO DA MIO PADRE, UNO DI QUEI VECCHI FILM CHE MI FA VEDERE LUI LASCIANDOMI SEMPRE NEL DUBBIO SE SONO FORTUNATO CHE MI TRATTI DA GRANDE O SE FAREBBE BENE A NON FARMELI VEDERE DATO CHE CERTI, COME DUEL APPUNTO, VADO POI AVANTI A SOGNARMELI PER SETTIMANE.

La sapete la storia, credo.

Siamo in America e c'è un tizio che deve andare da qualche parte in macchina. Tutto normale, quasi noioso. Che storia è questa, uno si chiede nei primi minuti. Ma poi a un certo punto un camion si mette a inseguire il tizio, prima gli fa semplicemente i fari e sembra solo un rompiscatole ma poi di lì a poco comincia a provare a speronarlo e a buttarlo fuori strada. Non si vede mai il conducente di questo camion, tranne per un dettaglio: un paio di stivali. Solo che gli stivali in quegli anni ce li hanno tutti i camionisti e quindi il tizio non riesce a riconoscerlo neanche quando quello lo segue in un autogrill (o qualcosa di simile in versione americana).

Evito di fare spoiler e chiudo velocemente questa parentesi anche perché più racconto di *Duel* e più mi chiedo perché mi sia venuto in mente parlando di me e mamma, e finisce che devo dar ragione alla mia prof che l'altro giorno ha detto a mia madre: «Vede, signora, Giovanni si distrae continuamente. E non riesce a concentrarsi mai su una cosa per volta».

Insomma, dicevo, sono in macchina con mia madre, non c'è nessun camionista assassino ma semplicemente lei che mi chiede com'è andata.

«Simpatico Federico?»

Non ci va dritta, è intelligente mia madre e sa che una domanda troppo diretta mi farebbe chiudere come un riccio e tacere come un muto introverso.

«Dicono tutti che fa ridere, che fa tante battute.»

La sa lunga, è chiaro che un po' si è informata su di lui, non sono solo io nello spionaggio. Prima di farmelo incontrare deve aver parlato con qualcuno del Sacco, è evidente che non c'è nulla che debba raccontarle che lei non sappia già.

«Mamma, ti volevo chiedere io una cosa» dico.

«Dimmi, Gio.»

«Ma tu ce l'hai il radar?»

Lei mi guarda un po' stranita. Anzi, come se pensasse: ecco, ci siamo, lo sapevo che mio figlio da piuttosto strambo sarebbe diventato completamente pazzo.

Ma mia madre è buona, è una che cerca di capire tutti, anche troppo, e quindi semplicemente mi risponde: «In che senso "se ho il radar", Gio?».

«Federico ce l'ha.»

«Sul taxi?»

«Non fa ridere, mamma.»

Non sopporto quando mi parla come se fossi stupido.

«A me un po' sì» dice lei allegra.

E allora rido anch'io. Alla fine non era male come battuta.

«Voglio dire: tu hai capito a chi puoi raccontare quella cosa?»

«Dell'Hiv?»

«Sì.»

«Sì, penso di sì.»

«Non mi sembrava.»

Mamma intuisce quello che ho in testa e mi accorgo che la mia è una cattiveria. Anche perché, come per *Duel*, non c'entra così tanto visto che mia madre quella volta non aveva detto nulla. La persona che poi non ci ha più voluto vedere aveva scoperto tutto per caso.

Ecco com'era andata.

MOLTO BREVE (PERCHÉ UN PO' DESOLANTE) STORIA DI NOI E LA EX FAMIGLIA DI LUCA

Luca, il nuovo compagno di mia madre, ha due figli, Nicole che ha otto anni e Alessandro che invece ne ha sette. Non so bene come si siano conosciuti lui e mamma, ma da qualche tempo Luca è sempre a casa da noi.

Luca fin dall'inizio si è dato un sacco da fare con me, mi ha portato in giro, a giocare: insomma, ha cercato di farmi superare la mostruosa gelosia che provo dal secondo in cui un altro uomo è entrato in casa mia e si è messo fra me e mia mamma.

«L'amore per un figlio è diverso da quello per un marito o un compagno» ripete da un po' mia madre, ma su quel divano adesso siamo in tre e non in due. E bisogna che mi ci abitui.

Comunque, dopo un po' che ci conoscevamo, Luca mi ha presentato i due bambini che ha avuto dalla sua ex moglie. Ero contentissimo: in un colpo mi sembrava di essermi ritrovato con due nuovi fratelli belli freschi oltre a Lorenzo, il figlio grande di papà.

Siamo diventati amici, ci divertivamo parecchio insieme, io facevo quello grande dei tre con loro che mi venivano dietro. Finché un giorno la ex moglie di Luca ha intercettato un sms di mia madre che faceva riferimento alla mia malattia e un attimo dopo non ho più avuto il permesso di vederli, perché lei ha minacciato di denunciare Luca se ci avesse fatti incontrare.

Io, fino alla neurologa e al mio encefalogramma, non sapevo cosa fosse successo, non mi spiegavo perché fossero scomparsi dalla mia vita. «Ma quindi Nicole e Alessandro...» ho detto invece l'altro giorno a mia madre, mentre stavo facendo il calcolo di quanta vita l'Hiv mi stesse togliendo. «Sì, la loro mamma non vuole che vi vediate» mi ha risposto.

«Sul radar – sta continuando mia madre –, un po' dipende dal contesto: ad esempio al lavoro ci sono delle persone a cui vorrei dirlo ma preferisco di no perché temo che poi se lo lascino sfuggire con altre che non devono saperlo.»

«E gli amici?»

«No, gli amici lo sanno tutti. Lo sa Manuele, lo sanno Paola e Carlo, lo sa ovviamente Antonio. Ogni tanto penso che se ne dimentichino pure, sono molto più preoccupati per il mio cuore ballerino.»

Io ho le gambe traballanti e mia madre un cuore ballerino: potremmo mettere su qualche spettacolo.

Mi alzo per prendere un bicchiere d'acqua e poi torno a sedermi al tavolo della cucina, che sta diventando un po' la nostra stanza degli interrogatori. Guardo la lampada nell'angolo e mi chiedo che effetto potrebbe fare se la puntassi direttamente su mamma spegnendo tutte le altre luci.

«E? Ma cosa ti hanno detto quando ne hai parlato la prima volta?»

«Di solito quasi tutti l'hanno presa bene.»

Mi passano rapidamente delle scene davanti agli occhi.

Amici milanesi: «Ma va, l'Hiv [pronunciato un po' all'inglese]... figata!».

Amici romani: «Anvedi, c'hai l'Hiv».

«Ma invece Marco quando l'ha saputo?» chiedo a mia madre, appena di ritorno sul pianeta Terra. Lei mi guarda stupita.

«Dici Marco, Marco? Il tuo educatore? L'ha sempre saputo. È ovvio.»

«Cosa c'è di ovvio?»

«È ovvio nel senso che quando gli hanno proposto di seguirti gli è stato fatto un quadro della situazione. Non è una caccia al tesoro in cui ti mandano a caso e devi via via scoprire dove ti hanno spedito.»

«Sapeva che avevo l'Hiv e ha voluto lo stesso farmi da educatore?»

«Certo.»

«E se poi glielo passavo? Già non si trova una fidanzata...»

«Finiscila» dice mia madre ridendo.

«Non so» continuo io. «È pieno di gente che ha bisogno, è pieno di pazzoidi o malati: poteva prendersi uno col cancro e non avrebbe corso rischi. O uno senza una gamba: lo metteva su una sedia a rotelle come me da piccolo e finiva lì.»

«Sapeva benissimo cosa avevi e ha accettato subito.»

«Mi è sempre sembrato un po' scemo» dico, perché non voglio che mia madre si accorga quanto mi faccia piacere saperlo. «Ma perché tu l'hai detto ai tuoi amici e io non posso dirlo ai miei?» continuo.

«Perché siete tutti ancora troppo piccoli.»

Sbuffo.

«Il fatto è che l'Hiv è diverso dalle altre malattie. Non perché sia peggio, anzi, è meno grave di mille altre. Non si muore più di Hiv: si prende una pillola e finisce lì. Ma se la gente lo sa è un po' come se ti mettessi delle scarpe che erano di moda dieci anni fa: alcuni tuoi compagni le troveranno belle e altri diranno che sei uno sfigato e ti faranno la guerra. Ma cos'è che mi avevi chiesto?»

«Il radar, mamma, il radar.»

Quanta pazienza devo avere con lei.

«Quindi non lo direi così, ma un radar dopo un po' te lo fai. Più che altro so riconoscere con chi potrei mettermi nei guai.»

«E la cosa più ridicola che ti è successa?»

«Quando, dopo che lo avevo detto a un mio amico, per caso l'ho incontrato il giorno dopo che usciva da un'Asl con un pacco enorme di brochure sull'Hiv. "Cosa fai?" gli ho chiesto. Lui era imbarazzatissimo, credo volesse buttarsi in un tombino lui e le sue brochure ma alla fine mi ha detto che, visto che ce l'avevo, bisognava che si facesse una cultura, no? Era paonazzo dalla vergogna ma a me in realtà sembrava la cosa più saggia che avesse potuto fare. E anche più tenera.»

«Chi era? Lo conosco?»

«Ovvio che lo conosci.»

«E allora?»

«E allora proprio per quello non te lo dico. Perché sei tremendo e poi vai di sicuro a sfotterlo.»

«E cose brutte? Qualcuno che non ha più voluto vederti?»

«No, non me ne vengono in mente. Magari tristi, commoventi, ma non brutte. Qualcuno ha reagito piangendo, qualcuno ha detto incazzato: «Perché proprio a te? Mi dispiace tanto». Uno solo del gruppo di amici a cui l'ho raccontato si è alzato e se n'è andato. Ma per un motivo tutto suo.»

«Cioè?»

«Si era offeso. Perché non gliel'avevo detto subito. Come se lo avessi tradito non fidandomi di come avrebbe reagito.»

«Ce n'è di gente strana» dico, e sembro un vecchio alla fermata della 73 barrata. «E cose belle invece?» le domando.

«Mi ricordo un'altra volta che ero a Lisbona ed eravamo andati a ballare. Dopo la discoteca qualcuno aveva proposto di spostarci in spiaggia ad aspettare l'alba. C'era il rumore delle onde in sottofondo e davanti a noi la vista dell'oceano illuminato dal falò che avevamo acceso. A un certo punto un mio amico si è avvicinato e mi ha detto che aveva saputo che me ne sarei andata la settimana dopo. Che sarei tornata in Italia. Gli sembrava che fossi felice lì e non capiva perché volessi partire. Io allora gli ho raccontato che ero sieropositiva e lui mi ha coccolato e poi mi ha chiesto se poteva dirlo anche agli altri. Perché secondo lui non era giusto che mi tenessi dentro una cosa del genere senza chiedere aiuto. Due giorni dopo sono tornata in quella discoteca e ricordo che questo mio amico che faceva la security alla porta ha mollato tutti quelli che erano fermi a fare la coda per venirmi incontro e abbracciarmi. Mi ha abbracciato fortissimo.»

Sì, adesso non esageriamo, penso, ma non lo dico.

«Mi abbracciava e mi diceva: "Renata, sono con te, andrà tutto bene, non ti preoccupare". Abbiamo raggiunto gli altri all'interno, ci siamo divertiti e a fine serata siamo andati a casa sua, saranno state le sei di mattina, e di nuovo lì tutti mi hanno abbracciato, rincuorato. È stato talmente bello che quasi avevo cambiato idea e non volevo più tornare in Italia.»

«Mamma, è quasi mezzanotte» dico io, perché mi sto per commuovere.

«Sì, è vero, andiamo a letto che domani hai lo stadio con papà.»

Il giorno dopo mi sveglio e già entro in modalità stadio. Sono milanista perché, come tutti i papà, mio padre che è da sempre un tifoso rossonero mi ha lavorato fin da piccolo perché lo diventassi anch'io, con tutta una strategia attenta di regali: una maglietta da calcio con il nome del mio giocatore preferito, un cappellino rossonero di lana per l'inverno, qualche spilla, qualche scampolo di partita vista in diretta sulla pay-tv.

E quindi una domenica sì e una no ce ne andiamo insieme allo stadio.

«Ah, ti sei fatto l'abbonamento?» chiedono di solito i miei compagni quando il lunedì mattina mi vanto di essere stato alla partita.

«No.»

«E come fai?»

«Sono disabile, entro gratis.»

«E tuo padre?»

«E papà entra perché è accompagnatore.»

«Che culo!» dicono sempre tutti e un po' fingo di crederlo anch'io.

Prima dello stadio, quando mi sveglio, vado a messa con mia madre. Mi piace andare a messa, mi fa stare bene e da un po' ho cominciato a fare il chierichetto. Come ho cominciato? È sempre la solita storia, come con il teatro: il don ha chiesto chi aveva voglia di farlo e io ho battuto la concorrenza. Che probabilmente non c'era.

«Fa' attenzione» mi dice mia madre prima di lasciarmi proseguire verso la sacrestia. Ci sono molti significati in quel «fa' attenzione»: non inciampare sull'altare come la volta scorsa; non rovesciare l'acqua santa come quella prima...

Ma oggi me la cavo alla grande, insomma, senza danni, e quando, finito di pranzare, papà mi passa a prendere con la macchina mi dico che questa sarà una giornata perfetta.

C'è un sacco di gente, il piazzale è pieno di baracchini, c'è odore di salamella e crauti e prima di entrare papà mi prende una Coca. Mostriamo i vari documenti e ci piazziamo proprio a ridosso del campo, dove c'è una zona riservata ad altri ragazzi con problemi a camminare. O con problemi e basta.

Il Milan parte bene, attacca, la curva canta e io e papà dietro.

Rossoneri siamo noi e chi c... siete voi.

È divertente. È come se allo stadio tutto fosse permesso: parolacce, insulti, c'è sempre uno vestito bene di fianco a noi che avrà settant'anni e che ogni volta perde la testa. Come adesso: l'Atalanta segna, siamo uno a zero e praticamente lui si lancia in campo per menare il portiere che non l'ha presa.

A papà scappa un'imprecazione ma poi sorride. Finisce il primo tempo e appena prima dello scadere siamo già sotto di due gol.

Non va meglio nel secondo: perdiamo tre a uno, non so bene cosa significhi, se non andremo in Champions o in Europa League, penso solo che a Bergamo ci sono stato una volta e mi sembrava parecchio più piccola di Milano. Come città dico.

Usciamo, con papà andiamo avanti a chiacchierare e sono felice perché si vede che è meno preoccupato del solito. Come se per novanta minuti avesse avuto tutto quello a cui tiene di più: il suo ragazzino un po' strambo e il Milan. Che, dice papà ma non so se credergli, quando era giovane lui vinceva sempre. Sarà che sono nato nel decennio sbagliato.

André

**"NON SALUTO TUTTI, NON USO TRUCCHI.
NON VOGLIO ANDARE A SANREMO,
VOGLIO FAR CAPIRE CIÒ CHE NON SIAMO
E NON CIÒ CHE LA GENTE INCOMPETENTE
GIUDICA SENZA SAPERE NIENTE.
GENTE CHE VA IN GIRO CON ETICHETTE
MA ALLA FINE TUTTO QUELLO CHE OGNUNO È
NESSUNO LO SA VERAMENTE."**

Un giorno mia madre mi ha detto che quando stava a Londra e viveva con l'ingegnere culturista e brasiliano, quello che a occhio mi sarebbe piaciuto ma che ho deciso che mi deve stare necessariamente sullo stomaco, costava davvero parecchio telefonare in Italia.

Mamma non guadagnava così tanto e quindi non chiamava quasi mai: scriveva solo lunghe lettere, piene di cose che aveva visto e che avrebbe voluto vedere, e sua madre, la nonna, e suo padre, il nonno, aspettavano anche due settimane prima di sapere qualcosa di quello che lei voleva raccontare.

È strano, a pensarci oggi, perché in due settimane potevano succedere un sacco di cose, poteva cambiare tutto: lei poteva aver scritto che stava bene, anzi benissimo, ma nel frattempo essere stata punta da una tarantola. O essere precipitata giù dalle scale. O essersi innamorata di un altro ed essere scappata in America o in Australia con lui.

Come uno che legge un sms dieci giorni dopo: «Sai, mi si era rotto il telefono, adesso però l'ho letto. Grazie per quello che mi hai scritto».

«Ma cosa ti ho scritto?» penserebbe l'altro, che nel frattempo ne avrà mandati altri duemila.

Mamma poteva scrivere alla nonna che era innamorata ma poi scoprire che l'ingegnere culturista e brasiliano in realtà non era un uomo ma una donna e che non era umano ma un extraterrestre atterrato da un pianeta lontano. Insomma, era proprio un altro mondo perché in quello in cui sono cresciuto io ci si comincia a preoccupare se non si riceve una risposta a un messaggio di WhatsApp dieci minuti dopo averlo inviato. Peggio: se si vedono le spunte e non arriva una risposta si entra immediatamente in paranoia.

Penso a tutte queste cose mentre sento André rispondere dall'Ucraina con un «Pronto, Gio» chiaro e sicuro, come se fosse nella stanza accanto.

«Sono contento di sentirti», e sembra ormai che dall'Ucraina non tornerà più indietro.

Nel frattempo ha compiuto gli anni, diciassette. Noi del gruppo del teatro gli abbiamo mandato un breve video: «Tanti auguri, André» abbiamo urlato, sperando che un po' della nostra amicizia potesse arrivare fino a quel suo sperduto villaggio dell'Ucraina. «Ma dov'è l'Ucraina?» hanno chiesto tutti, dopo aver premuto invio.

«Boh» ho risposto io.

Il fatto è che le mappe dei telefoni sono troppo piccole e non si capisce nulla, ma un giorno prendo una cartina geografica e ci guardo. Lo penso ma so già che non lo farò mai.

«Cos'hai fatto per il compleanno?» gli chiedo.

«Niente. Mi sono alzato e ho cominciato la giornata.»

Mhmm, è su di giri.

«E dopo? Una torta? Regali?»

«Mah, niente.»

«Una canzone?»

«Ma no...»

«Ok, quando torni allora?» gli chiedo per cambiare discorso.

«Non lo so. Sto aspettando una risposta. È una storia lunga.»

«Ti pareva.»

«Cosa?»

«Avete tutti storie lunghe. Ma io non ho niente da fare e quindi basta che non sia troppo noiosa.»

«In pratica mia nonna e mio padre non mi hanno mai registrato, intendo alla nascita. Siccome mia mamma non c'era, sono andati in comune qui in paese a dire che ero orfano e che mi tenevano loro: così il governo gli avrebbe dato un po' di soldi per me che, insieme a quello che mandava mia madre dall'Italia, sarebbero bastati a mantenermi.»

«Be', furbi.»

«Mah.»

«Perché?»

«Perché adesso sono senza documenti. Mi dicono: "André André... non ci risulta, non esisti". E finisce che devo provare a spiegare la storia. Che non so neanche se è vera.»

«Come Bourne che si è dimenticato il suo passato.»xxx

xxx UN ALTRO DEI FILM DI PAPÀ. JASON BOURNE È UNA SPECIE DI AGENTE SEGRETO SMEMORATO CHE, DOPO UNA MISSIONE FINITA MALE, SI SVEGLIA SU UN PESCHERECCIO SENZA RICORDARE PIÙ NIENTE DELLA SUA VITA. DA LÌ IN POI GIRERÀ IL MONDO CERCANDO DI RITROVARE IL SUO PASSATO SCOPRENDOSI ESPERTO DI ARTI MARZIALI E INFALLIBILE CECCHINO, E INCONTRANDO CONTINUAMENTE GENTE CHE NON VEDE L'ORA DI FARLO FUORI.

«Come un povero scemo in Ucraina.»

«Ci ho parlato, sai, con Federico.»

«E?»

«Fa il tassista, lo sapevi?»

«Certo.»

«Fico, no?»

«Sì, sì.»

Niente, oggi proprio non ci siamo con André. Provo a immaginare cosa può vedere dalla finestra, cosa ci può essere attaccato alla parete di casa sua. Boh, il vuoto.

«Cos'hai fatto oggi?»

«Sono andato a pescare. C'erano dei pesci grossi e ne ho preso uno. Stasera ce lo cuciniamo con i miei parenti.»

«Fico!»

«Mi manca tanto l'Italia.»

«Mi ricordo che una volta sono stato tanto tempo in Portogallo con mia madre. E che l'Italia mi mancava.»

«Perché? Cosa ti mancava?»

«Che facevo battute tutto il tempo e nessuno capiva. Mai uno che rideva perché aveva capito. Solo per gentilezza. E allora cosa ci stavo a fare?»

«Non le capiamo neanche noi» dice André, e rimango un attimo a pensare se devo offendermi o sta scherzando.

«André, c'è una cosa che ti voglio chiedere da un sacco di tempo.»

«Quale?»

«Perché non sorridi mai nelle foto? Io faccio lo scemo, le smorfie, mi sdraio addosso agli altri. E invece tu non ridi mai.»

«Così, non mi viene.»

«Ma non ridi perché hai l'Hiv? Non so, l'altro giorno mi sono detto che magari adesso che ce l'ho anch'io divento come te. E non rido più.»

«No.»

«E allora?»

«E allora no, non è per l'Hiv. È più per quello che mi è successo.»

«Le hai scaricate le basi?»

«Sì.»

«Poi ti spiego come aumentare le visualizzazioni su YouTube. Io sono a cinquemila con la mia intervista. Tante, no?»

«Moltissime» risponde André lasciandomi con lo stesso dubbio di prima: se stia scherzando o sia serio.

«Ma perché tua madre era via?»

«Perché in Ucraina non c'era niente: non c'erano soldi, lavoro, futuro. E se voleva mantenermi bisognava trovasse il modo di guadagnare.»

«Tra l'altro magari tu lo sai, me lo chiedono ogni volta che parlo di te... Ma dov'è esattamente 'sta Ucraina?»

«Vicino alla Russia.»

E dov'è la Russia, vorrei chiedergli. Ma non è che possiamo starci delle ore a questo telefono.

«Dalla parte opposta del Portogallo» aggiunge come se mi avesse letto nel pensiero.

«Ma tua madre quindi quand'è che l'hai vista?» Lo sento sospirare, come se lo commuovesse anche solo pensarci. «Non è che sei obbligato a dirmelo. Però, non so, io credo di non essere stato dieci minuti di fila senza mia madre nei miei primi cinque o sei anni. Proprio non riuscivo: volevo sempre abbracciarla, averla vicina. Anche adesso a dire il vero, ma bisogna che mi contenga. E allora un po' di curiosità me la mette uno che è cresciuto senza. Ma se non hai voglia...»

«No, te lo racconto volentieri. Sai quando a scuola ti chiedono di scrivere il tema su un momento felice, sul primo ricordo che uno ha... Il giorno che ho visto mia madre è un po' tutte queste cose insieme. Avevo cinque anni ed ero qui, in un paesino mezzo sperduto di uno Stato che nessuno sa che esiste.»

«E nessuno sa dov'è» lo interrompo.

«Infatti io ero come al solito in giro con altri bambini dalla mattina alla sera. Qui è normale: appena uno è capace di camminare da solo, è libero di girare anche se ha solo tre anni. Diciamo che non ti fanno niente perché ce ne sono tanti e quindi non sei necessariamente tu un bersaglio. Anche se di cose brutte ne succedono.»

«Cosa?»

«Niente. Cose brutte.»

«Come a Quarto Oggiaro?»

«A Quarto Oggiaro non succede mai niente.»

Effettivamente. Ci vado una o due volte al mese con mia madre da dieci anni e niente. Neanche una rapina, una sparatoria da raccontare a scuola.

«Comunque, stavo giocando a pallone, in porta, perché ero il più piccolo e se giocavo fuori gli altri mi buttavano a terra al primo contrasto. Tiravano forte ma io non volevo farla passare, mi tuffavo, mi lanciavo, mi impegnavo come un matto, una specie di cosa per farsi rispettare.»

«Anch'io gioco in porta.»

«Lo so. E?»

«Non la faccio passare.»

«... Sono stati anni brutti: il cielo sempre grigio, grigia la mia casa e tutto quello che c'era attorno. Anche l'erba sembrava grigia perché c'era quasi sempre brutto tempo, faceva freddo, si gelava. Vivevo con mio padre e mia nonna, mio padre beveva troppo e mia nonna non badava molto a me. Eravamo poveri, un po' rassegnati ma non avevo mai visto altro e non è che gli altri stessero molto meglio. In realtà era un'altra la cosa a cui pensavo sempre ma che non osavo mai chiedere. E mia madre? Dov'era mia madre? Ce la dovevo pure avere una madre. Gli altri ragazzini magari non avevano il papà che era morto, scappato, impazzito, ma una mamma, quella ce l'avevano tutti. Mi dicevo che forse l'avevo conosciuta da piccolo ma purtroppo non me la ricordavo più. Provavo a immaginarmela, a visualizzarne i capelli, le braccia, il viso, le mani, niente, non mi veniva mai fuori niente. Vedevo le altre mamme e pensavo che, chissà perché, a me era andata così. Quel giorno ero lì insieme ai miei amici a difendere la porta dai tiri quando a un certo punto è arrivato uno. Uno che faceva sempre scherzi anche un po' idioti. "André – mi ha detto –, corri a casa che c'è una sorpresa per te." Non avevo tanta voglia di starlo a sentire ma non avevo neanche niente da perdere. "E in porta?" ha chiesto uno dei miei compagni preoccupato.»

«Sì, infatti, in porta chi ci è andato? Si fa anche in Ucraina il portiere volante?» gli domando desideroso di aprirmi gli orizzonti sul calcetto dalla parte opposta del Portogallo.

«"Dai, cazzo, André, non ci mollare così" ha detto un altro di quelli che stavano giocando con me. Ma a cinque anni una sorpresa ti va di saperla subito, non è che riesci più di tanto a restartene indifferente. Mi sono messo a correre come un matto verso casa, così almeno, se mi aveva preso in giro, me ne potevo tornare rapidamente dai miei amici. Non so cosa mi aspettassi, probabilmente desideravo che mia nonna mi avesse comprato un regalo: un pallone, una bicicletta, quelle cose che uno sogna da bambino. In un attimo arrivo a casa e vedo questa persona, una donna non tanto giovane da essere una ragazza ma neanche troppo vecchia da non esserlo più. Stava lì seduta su una panchina e mi fissava.»

«Niente pallone?» lo interrompo. Come al solito non capisco dove voglia arrivare. Pare che tutti 'sti sieropositivi amino girare intorno alle cose. È folle quello che riesce a farti fare 'sto virus.

«Accanto a lei c'era un uomo. Anche la donna era vestita diversa da noi ma, se lei poteva sembrare comunque ucraina, lui aveva l'aspetto di uno che veniva da qualche posto lontano. Siamo rimasti un po' lì a fissarci in silenzio come in una partita a scacchi finché è spuntata dal portone mia nonna. "André, questa è tua mamma" ha detto, come se stesse dicendo una cosa tipo "Che bella giornata, oggi c'è un po' d'aria". L'ho guardata. "Sì, André, questa è tua mamma" ha ripetuto lei. Ho scrutato ancora una volta bene quella donna e poi mi sono lanciato verso di lei e l'ho abbracciata. L'ho tenuta stretta, senza piangere, senza gridare, senza fare grosse scene. Con un unico pensiero che mi martellava in testa e mi rendeva pazzo di gioia: Cristo, ma allora ce l'ho anch'io una mamma. Cristo, questa è mia mamma. Non mi interessava sapere chi era, non mi importava fosse bella o brutta, anche se avessi scoperto che era diversa da come me l'ero figurata, qualsiasi cosa potesse accadere, in quel momento l'idea di avercela era l'unica cosa importante. E lo è ancora adesso.»

«Bello» dico. Viene da commuovermi anche a me.

«L'arrivo di mia mamma è stato come un miracolo, come un raggio di sole che è spuntato all'improvviso dietro le nuvole. Nel momento stesso in cui ho capito che era mia madre è cominciata la mia vita di adesso: con suo marito mi hanno portato per negozi, mi hanno comprato dei vestiti buoni e fatto mangiare molta carne visto che a cinque anni pesavo undici chili, ero magrissimo, uno stecchino, mezzo denutrito. E da lì in poi, da quando sono venuto in Italia, la mia vita è migliorata. Meno triste, meno cupa.»

Penso ad André e alla sua aria da funerale e mi verrebbe da scherzare su cosa doveva essere prima se adesso è contento. Ma solo i bambini dicono tutto quello che gli gira per la testa. Cambio diplomaticamente discorso. «Sì, ma il rap?» lo interrompo, perché questa storia della mamma è bella ma di certo non c'entra con l'Hiv.

«Dopo quella volta mio padre non l'ho più visto.»

«Secondo me ci devi mettere la musica» insisto come se non lo avessi sentito. «Su internet ti puoi scaricare delle basi. Anche gratis. Se vuoi ti mando il sito.»

«Ho scritto una cosa ieri» mi dice finalmente dandomi corda. «Te la leggo»:

Le parole a volte san far più male
di un pugnale nel cuore
quindi tu non starmi a giudicare
perché ciò che appaio a volte
è solo per non farvi sapere
che sono peggio di ogni diavolo all'inferno.

«È bella, un po' triste. Ce ne hai una allegra?»

«Allegre non mi vengono.»

«Su questo bisogna che ci lavoriamo» dico quasi fossi il suo manager.

«In che senso?»

«È come ai compleanni. Metti uno, due pezzi più tranquilli ma poi...»

André non mi ascolta neanche stavolta. E va avanti per i fatti suoi.

«Con mamma e suo marito ce ne siamo partiti dall'Ucraina un po' come dei ladri: non ho salutato né mio padre né mia nonna, ce ne siamo andati per non tornare più. Ma mi è dispiaciuto. Soprattutto per mio padre. Anche se non era stato un buon padre purtroppo. Ma anche lui avrà avuto le sue ragioni.»

«L'hai più rivisto? L'hai visto in questi giorni?»

«No, ma questa storia te la racconto un'altra volta. Sai, l'ho guardato poi il tuo video su YouTube. È bello. Mi piace quando dici che a sei anni avevi paura delle trombe d'aria perché avevi visto un film dove ne arrivava una che spazzava via tutto...»

Ascolto André ma chissà perché mi viene in mente mio padre. E i suoi film...

«... E che ogni volta che c'era un filo di vento ti nascondevi in camera. Quando sono arrivato in Italia, io avevo invece un'ossessione per gli aerei. E ogni volta che ne vedevo o sentivo volare uno scappavo fuori dalla classe con gli occhi al cielo. Non chiedevo neanche il permesso, ero come ipnotizzato. O come un sonnambulo: mi alzavo, correvo fra i banchi e andavo alla porta il più velocemente possibile per guardare fuori da un finestrone del corridoio.»

«E i professori?»

«Puoi immaginare come la prendevano. Ma io di aerei non ne avevo mai visti, dal mio paese non passavano mai e in Italia ero venuto col pulmino.»

«Qual è la tua preferita di GionnyScandal?»

«*Vita a righe e quadretti.*»

«Ah, quella del video con la ragazza che se ne va. Perché ti piace?»

«Perché mi fa pensare al mio passato. Mi piace quando dice: *"E se scrivo ciò che vivo io descrivo la realtà"*. Perché mi fa venire in mente che da quando ho cominciato a scrivere anch'io sono sempre stato molto realista e non ho mai dovuto inventare niente, alla fine scrivo ciò che mi capita e che ho vissuto. E poi mi piace quando dice: *"Il destino è stato scritto ma non l'ho scritto io"*, che invece mi fa pensare che se avessi previsto il mio destino in qualche modo l'avrei cambiato, ma purtroppo non è stato così e certe cose sono successe senza che potessi farci niente.»

«Non ci ho capito niente.»

«Vuol dire che uno deve cercare di fare il meglio per sé. Ma non è che ci riesca sempre.»

«L'altro giorno ho visto una puntata di *Braccialetti rossi* e praticamente un ragazzino sognava che non aveva il cancro e che non era mai stato operato alla gamba come nella realtà. Era tutto contento ma alla fine si è reso conto che in quel modo non avrebbe mai conosciuto i suoi amici dell'ospedale. E quindi si diceva che forse era meglio avere il cancro con gli amici che non averlo e dover rinunciare a loro.»

«Ma a te, Gio, quali ti piacciono di GionnyScandal?»

«A me piace quando dice: *"Prima pagavo la scuola per scrivere e prendere quattro / Ora scrivo ciò che voglio e mi pagano per farlo"*.»

«Perché?»

«Perché spero che succeda anche a me.»

«È la parte più scema.»

«Per quello mi piace. Me ne piace anche un'altra sua. *Uacci uari uari*, quando dice: *"Guardo te come un vecchietto guarda un cantiere"*. Mi fa ridere che sta scrivendo una canzone d'amore e parla di un vecchietto.»

«Gio, cosa stai facendo, con chi parli?» mi interrompe mia madre entrando all'improvviso in camera.

La guardo stranito: cosa ci fa qui in Ucraina?

«Sono al telefono con André» rispondo, riprendendomi un attimo.

«Metti il vivavoce» dice mia madre. «Ciao André» grida. «Torna presto, ci manchi.»

«Ciao» risponde André a voce alta. E sarà che vuole tanto bene a mia madre, sarà che lei gli dice che ci manca, ma secondo me sta per mettersi a piangere. «Adesso devo andare» aggiunge serio. «Ciao Renata.»

«Ciao André, a presto.»

«Grazie della telefonata, Gio.»

E mentre lo dice penso che se André vuole aiutare tutti e non sa aiutare se stesso io forse lo sto aiutando ma voglio solo che lui aiuti me. È un corto circuito ma comincia a piacermi.

Gli omini viola

"A VOLTE VORREI URLARE MA MI LIMITO A PENSARE
E A CHIEDERMI IL PERCHÉ
TU ORA NON SEI QUI CON ME."

Mi piace quello che mi sta succedendo e mi piace ancora di più la settimana dopo, quando su consiglio di Simona, la psicologa, che in questo periodo mi sta parecchio vicino, vado a un altro appuntamento.

Dopo quello con Federico questo è già il secondo nel giro di una settimana e stavolta è addirittura con una ragazza. Non ne ho ancora ben capito il motivo, ma una cosa è certa: dalla comunicazione dell'Hiv in poi la mia popolarità è alle stelle. Tutti mi vogliono parlare, spiegare, aiutare.

«La vuoi incontrare Elettra?» mi ha chiesto Simona, prima di dirmi che Elettra è di Torino ed è una «testimone esperta».

«Ti può spiegare un po' di cose, lei» ha aggiunto.

«Testimone esperta» suonava fico almeno come «centravanti di sfondamento» ma alla parola «testimone» le prime cose che mi sono venute in mente sono state: il programma di Pif, quello in cui lui se ne va in giro con la telecamera a intervistare gente; e poi, soprattutto, un libro che ci hanno consigliato a scuola, *Per questo mi chiamo Giovanni*, che, incredibile a dirsi, mi è piaciuto moltissimo. Parla di un Giovanni F. che non sono io, Giovanni Falcone, un magistrato eroe che è diventato immediatamente il mio idolo. E quindi alla parola «testimone» ho pensato ai collaboratori di giustizia, criminali che l'hanno aiutato a far arrestare altri criminali.

Ma con Elettra di Torino cosa c'entravano Pif o Giovanni Falcone?

«Cioè?» ho domandato a Simona. «Cosa vuol dire "testimone esperto"?»

Nella setta, quella nella quale sono entrato da poco – mi ha spiegato Simona –, si organizzano regolarmente degli incontri. Segreti, ovvio, nel senso che non sono aperti a tutti, non è che uno passa ed entra. Bisogna essere invitati, sennò che setta è. Ci sono educatori, psicologi, dottori, e tanti ragazzi sieropositivi che ci vanno per fare amicizia, per scambiarsi informazioni e per raccontare le proprie storie. E quelli bravi a raccontare diventano testimoni esperti.

«Ha una storia diversa da tutti gli altri» ha concluso Simona prima che me ne andassi.

L'estate è cominciata, fa caldo, la scuola non finisce mai ma siamo ormai agli sgoccioli e io sono di nuovo in un parco, un sabato mattina, per incontrare il mio primo testimone esperto. L'appuntamento è ai tavolini del chiosco. Non so cosa aspettarmi, non so che faccia possa avere un testimone esperto, ma quella che vedo e che mi si presenta come Elettra mi piace molto.

So da Simona che Elettra ha trent'anni, ma non sembra così vecchia, ha i ricci fitti e degli occhi strani che non capisco se siano verdi, marroni o azzurri, o più probabilmente tutti questi colori insieme.

Forse è perché non sono abituato a parlare con una ragazza da solo in un bar e ordinare un tè freddo neanche fossi in spiaggia a Miami ma, tempo tre sorsi, sono già bello che cotto in padella.

Mi dice che è venuta da Torino, io le dico che mi spiace che si sia dovuta muovere ma lei ride.

«Appena trovo una scusa per venire... Mi piace Milano. Avevo un ragazzo che stava qui.»

«Ne hai avuti tanti?» le chiedo e subito mi dico che sono un disastro.

Ma lei sorride sempre e mi sembra un po' magnetica, come il serpente del *Libro della giungla* che ti fissa e poi ti fa fare tutto quello che vuole lui. Io sono già completamente nella parte di Mowgli e quando il barista dice «tramezzini pronti» salto su dalla sedia e mi precipito al banco, nonostante le mie gambe un po' così, e torno con il vassoio stando attento a non rovesciare nulla.

«Quanti anni hai?»

«Quasi tredici.»

«Quando?»

«Novembre. Cinque.»

«Scorpione?»

«Scorpione.»

«Si vede.»

Mi sembra davvero fico che mi dica «si vede» anche se mi sfugge in cosa io possa essere così Scorpione. Mi studio alla ricerca di zampe strane o forbicine.

«Mi volevi parlare?»

«Sì» rispondo, ma adesso che sono qui non ho la minima idea del perché ho accettato. È così, è sempre colpa del mio maledetto ottimismo.

L'altro giorno ho detto a mia madre: «Sai, mamma, io aspetto una svolta». E lei mi ha detto che me le sono sempre andate a cercare le svolte. Credo sia vero. E quindi quando qualcuno mi dice devi parlare a quello, devi fare quest'altro, io ci vado. Metti che parta da lì la svolta...

«Ti voglio far vedere una cosa, Gio» dice Elettra, e io mi sciolgo a sentire come pronuncia il mio nome. Non perché lo pronunci diversamente da mia madre o dai miei amici.

Semplicemente mi emoziona pensare che sappia come mi chiamo.

Rincitrullito la osservo mentre posa il suo telefono sul tavolo a pochi centimetri dal mio sguardo. Le dita saltano di tasto in tasto, Elettra apre YouTube e digita «Aids» e «viola».

«Per farti capire che forse sei fortunato. O che prima era peggio.»

Si apre un video: ci sono due ragazzi, uno ha il contorno viola, e non ci vuole molto a dirsi che quello ha l'Aids e l'altro no. Si nascondono in un bagno pubblico e quello «viola» passa la sua siringa all'altro che automaticamente diventa viola pure lui. Poi arriva un altro viola, entra in un bar e conosce una ragazza, vanno a casa, finiscono a letto e lei diventa viola...

«Capisci cosa voglio dire?» mi domanda Elettra fermando il video.

Penso a mia madre e non so tanto cosa rispondere.

«Negli anni Novanta non sapevano come fermare il contagio. E allora hanno pensato bene di diffondere il terrore dicendo: guardate che sono tra noi, quelli viola. Senza pensare che c'eravamo anche noi, i viola appunto, e che in quel modo saremmo stati discriminati per sempre. Hanno pensato solo a prevenire e nessuno si è preoccupato degli altri, di quelli che erano già malati.»

«Come te lo sei preso?» le chiedo. «Io un ingegnere culturista e brasiliano. Il primo marito di mia madre.»

«Io da una siringa, in Africa... ma avevo tre mesi.»

«Africa? Che fico. Perché Africa?»

«Perché mio padre è italiano ma è cresciuto in Senegal dove mio nonno aveva aperto un'attività. Io sono nata laggiù. Da piccolissima ho avuto una gastroenterite e hanno pensato di farmi una trasfusione. Il sangue era infetto e ci sono rimasta sotto. Pazzesco, no?»

«Che sfiga» mi lascio scappare facendola ridere. Anche se non penso di essere il primo che glielo dice.

«Che sfiga» ripete lei.

«Sei incazzata?»

«Prima tanto. Tantissimo. Adesso meno. Tu?»

«Un po'. Però quando mi sveglio la mattina sono felice. Neanche so perché, ma mi sento così. Forse sono un po' scemo.»

Rimaniamo in silenzio a sorriderci, poi io addento il tramezzino, il pomodoro schizza e mi finisce su un lato della bocca, lei prima mi fa segno di usare un dito e dopo mi aiuta con un fazzolettino.

«Mia mamma è della Costa d'Avorio.»

«Il mio migliore amico è turco» dico io come se dovessi rispondere a un poker con una scala reale. Voglio che pensi che sono uno di mondo, ma non mi pare rimanga molto impressionata. Anzi, va avanti a parlare come se non mi avesse neanche sentito.

«Si sono conosciuti in Senegal, poi hanno avuto me e un anno dopo sono tornati in Italia. Non ho mai avuto problemi di salute, giusto qualche influenza come ogni bambino, ma quando avevo nove o dieci anni mio padre ha sentito alla televisione francese che molti europei rimpatriati avevano fatto causa ad alcuni ospedali senegalesi perché si erano presi l'epatite o altre malattie così. Non so cosa avesse in mente, credo non pensasse a niente di speciale, era solo uno scrupolo. Qualche prelievo dovevo averlo già fatto ma mai il test dell'Hiv. Quando siamo andati a ritirare i risultati, i dottori tutti seri hanno detto: "La bambina può rimanere fuori?". Sono stata portata in una specie di saletta per i piccoli con un'infermiera che mi guardava. Ovviamente non ho pensato a niente tranne che avevo voglia di tornarmene a casa perché i giochi da me erano più nuovi e più belli. In fondo non era la prima volta che rimanevo qualche minuto da sola, era pieno di cose che gli adulti non volevano dire ai bambini. Dieci minuti dopo, papà e mamma sono usciti e, questo me lo ricordo bene, avevano una faccia bruttissima, come se fossero stati appena fulminati.»

La ascolto e penso alla faccia strana di mia madre. In macchina. Quando ancora cercava di trovare il modo giusto per dirmelo.

«Te l'hanno detto lì?»

«No. Mio padre pensava di dirmelo quando fossi stata più grande, intorno ai diciott'anni. Che forse è un po' tardi, no?»

Rimane un attimo a guardarmi come se dovessi intuire a cosa allude. Lascio passare qualche secondo, annuendo ma senza capirci nulla. Poi capisco. E lei ride. Perché ha capito che ho capito. E che forse non sono così tonto.

«Rischiavo di trasmetterlo senza saperlo» aggiunge, tanto perché sia tutto chiaro, ma io mantengo lo sguardo da tipo di mondo già sperimentato con la faccenda del mio amico turco.

«Quello che è successo da quel momento in avanti è strano. Nel senso che l'atmosfera in famiglia è cambiata. Di colpo non potevo più fare il bagno con la mia sorellina. Avevo le mie posate, i miei piatti, i miei tovaglioli personali, che usavo solo io. Ma la cosa peggiore è che mio padre era talmente triste e depresso che ero convinta che fosse lui a essere ammalato. O magari mia madre. E io ero angosciata all'idea che li avrei potuti perdere. Chiaramente dopo gli esami ero io ad aver cominciato a prendere medicinali ma, siccome non ero mai stata malata, era come se non concepissi neanche la possibilità di esserlo...»

«Per me è stato un po' il contrario. Quando mia madre mi ha detto dell'Hiv, era come se me lo aspettassi: almeno un'altra malattia bisognava bene che ce l'avessi. Poteva mica la sfiga essersi concentrata solo sulle gambe.»

Elettra sorride, chissà che pensa, ma continua a raccontare. «Ogni volta che facevo qualche domanda i miei rispondevano: carenza di piastrine nel sangue. Che mi sembrava una malattia tanto rispettabile quanto poco pericolosa. Le piastrine poi me le immaginavo come delle piastrelle colorate lunghe e strette, niente di così spaventoso. Ero come un pavimento in cui ogni tanto c'erano dei buchi che lasciavano intravedere la terra, e le medicine servivano a ripararli.»

«E, quindi, quando l'hai scoperto?»

«Sono andata avanti così due anni. Poi le stranezze anziché diminuire aumentavano, il clima a casa era sempre più insopportabile. I miei di punto in bianco mi stavano col fiato addosso: se abbracciavo la mia sorellina mi fissavano strani, s'inventavano gite fuori porta quando c'erano le feste della scuola... Ma che succede, mi dicevo. Nella cassetta arrivavano chili di brochure. Mio padre apriva le buste di nascosto e poi le sistemava in cima a un armadio. Un giorno che ero abbastanza cresciuta da arrampicarmi sull'armadio senza precipitare ne ho tirate giù un po' e mi sono messa a leggere: parlavano dell'Hiv, di come affrontare il problema in famiglia, di come comportarsi; c'erano testimonianze di altri genitori... E ho fatto due più due.»

«Quattro» dico, ancora un po' con l'idea che essere svelto coi numeri faccia sempre una buona impressione.

«Al quattro la mia carenza di piastrine si è trasformata dall'oggi al domani nel "problema" e tuttora i miei usano sempre questa parola: "il problema".»

«Io e mia madre diciamo "la patologia". Ma più che altro per evitare che qualcuno possa sentirci e capire. A casa abbiamo i muri sottili.»

Mi guarda come se fossi matto. Tipo quelli che sentono le voci dei morti, robe così.

«No davvero sono sottili. Sento tutto» le dico facendo la faccia maliziosa, ma lei sta pensando ad altro.

«I miei non l'hanno mai accettato. Il problema.»

Lo sussurra sempre col sorriso ma si vede che è triste e vorrei dirle: «Ehi, baby, sono Gio e ti proteggerò sempre».

«Ho passato tre anni in cui mi vedevo proprio sporca, con un difetto di fabbricazione bello grosso, un problema grave. E ogni litigio con i miei genitori, ogni rapporto con i miei amici era condizionato da questo pensiero della sieropositività.»

«Ma tu come te lo immagini?»

«Chi? L'Hiv? Mr Hiv?»

«Sì, ci pensi mai a che aspetto potrebbe avere? Non so, grasso e cattivo, unto e colloso. Come lo vedi?»

«Sì, l'ho visualizzato, soprattutto all'inizio, quando le medicine mi facevano male, mi davano dei brutti effetti collaterali e quindi avevo bisogno di convincermi che valesse comunque la pena prenderle. Ogni volta che buttavo giù una di quelle pillole immaginavo di impugnare e sferrare una lancia che partiva e andava a conficcarsi dritta dritta nel petto di un drago. Oppure, quando prendevo il Kaledra, per metterla sul ridere dicevo KALEDRAAA, sai con la voce dei cartoni animati giapponesi un po' tipo ALABARDA SPAZIALEEE. E tu?»

«Una roba simile. In queste settimane mi sono immaginato che le medicine sono provviste di lance e si scontrano con dei soldati, un esercito intero, in prima linea per difendere il capo che invece è dietro, tutto nero, tutto scuro, si siede su un trono e ride. È un re malvagio, bastardo. Ogni tanto le lance delle medicine lo colpiscono ma non gli fanno mai male veramente e lui continua a ridere. Oppure mi immagino di essere un soldato che è pieno di ferite ma sta in piedi e non cade mai. Una roba tipo quello di *Terminator*, che viene colpito ma si tira di nuovo in piedi ogni volta. Sarà anche che credo in Dio e ogni tanto mi dico che forse questa cosa è successa a me perché sono un ragazzo allegro e non uno che magari non ce l'avrebbe fatta a sopportarla.»

«A me si è ridotta molto.»

«Cosa?»

«La fede. Mi sono sentita un po' fregata.»

«Io no. Adesso poi che mi hanno fatto chierichetto...» le dico, come se fossi in finale a *X Factor*.

«Non lo so. Quello che voglio dire è che, se anche sono forte, avrei fatto volentieri a meno di mettere alla prova tutta questa mia personalità.»

«Sì, forse anch'io. Prendiamo un altro tè» dico come James Bond col Martini bianco e l'oliva.

«Grazie ma adesso mi sa che me ne vado a una mostra. Che poi devo tornare a Torino.»

«Cosa vai a vedere?» chiedo, neanche ne sapessi qualcosa di mostre e quadri.

«Si chiama Escher. È olandese.»

Io la guardo e penso che mi sta spezzando il cuore. Non capisco perché voglia andarsene così presto, visto che saremo qui da sole due ore, e perché preferisca vedere questo Escher, che è pure olandese, anziché stare con me che sono di Milano come il suo ex fidanzato che le piaceva tanto.

«Tu comunque chiama quando vuoi, Gio. Io ci sono sempre.» Lo dice e penso che per la prima volta qualcuno mi sta lasciando da solo da qualche parte senza chiedermi dov'è mia madre, come faccio a tornare a casa, se ho bisogno di qualcosa. Sono fra la vertigine e la paura e afferro rapidamente il telefono dalla tasca per chiamare aiuto. Ma Elettra è ancora lì davanti a me, che mi sorride, e con tutta la delicatezza del mondo aggiunge: «Dille che usciamo dalla parte del Planetario». Neanche fossi un playboy in procinto di incontrare un'altra ragazza a cui spezzerà il cuore.

Ci salutiamo davanti al Museo di Storia naturale, quello dei dinosauri. Vorrei raccontarle di quando ci sono venuto in gita con la scuola ma mi sa che poi capisce perché preferisce Escher, l'olandese.

Parlar d'amore in taxi

"PER VOI CHE LE LEGGETE POSSONO SEMBRARE SOLO STORIE RACCONTATE
MA PER ME CHE LE HO VISSUTE
È LA VITA CON CUI CONVIVO."

Torno a casa con mia mamma e ho gli occhi a cuore, le farfalle nello stomaco e la musica nelle orecchie anche senza cuffie. Mi sdraio sul letto, sono stanco, è stata una giornata impegnativa e, mentre mia madre mi prepara la cotoletta con l'insalata, io prendo l'mp3 e ascolto la solita di J-Ax (c'è anche Fedez ma sapete come la penso su di lui), *Vorrei ma non posto*. Mi piace da matti anche quella di Rovazzi, *Andiamo a comandare*, ma preferisco non dirlo, è roba che piace a poppanti di otto anni.

Con mia madre non parlo, lei mi guarda e sorride più del solito, deve aver capito qualcosa, ma non ho nessuna intenzione di cedere. Ogni tanto fa dei vaghi riferimenti al pomeriggio. «Era simpatica Elettra?» Ma non se ne parla neanche, non sono temi di cui discutere con la propria madre. «Elettra? Sì, era gentile» borbotto con aria distratta.

La conosco ormai la tua tattica, madre, inizi con una domanda di qui, una di là, e poi vai dritta al punto quando ormai sai esattamente che sto per cedere.

«Com'era Elettra? Boh, non mi ricordo. Capelli ricci. Non tanto alta...» aggiungo fingendomi sovrappensiero.

Tu vai avanti, la prendi un po' alla larga, ci giri attorno, sai che a un certo punto le mie difese crolleranno. Ma non oggi e di certo non con te, madre.

«Un po' straniera» insisto quando smette di farmi domande passando alla tattica successiva, quella del «sono fatti tuoi, Gio, non mi permetterei mai...».

«In che senso "un po' straniera"» mi chiede. Adesso è lei quella che fa la «sovrappensiero».

«Boh, straniera... Sua mamma è della Costa d'Avorio.»

«Bello.»

Solo bello? Non hai idea, madre.

«Mamma, mi sono innamorato» dico finalmente come una liberazione cinque minuti dopo.

Lei continua a sorridermi e un po' mi piace, mi fa sentire protetto, ma un po' mi dà fastidio, perché io mica l'ho presa in giro quando mi ha parlato di Luca, quando ha cominciato a spiegarmi che sarebbe passato sempre più regolarmente da casa nostra o che per lei era importante che piacesse anche a me quanto piaceva a lei. Luca tra l'altro arriva poco dopo, anche lui sorride. Devi aver parlato, madre. Perché non sei capace di tenere un segreto, buon Dio, siamo io e te, no?

Lascio stare e ci guardiamo tutti insieme l'inizio di un film, dev'essere una roba francese, lo capisco dalle facce delle attrici, e ogni volta che spunta una ricciolina nella storia penso al mio pomeriggio e mi struggo d'amore come un uccellino che canta sul davanzale.

Il lunedì mattina, prima di andare a scuola, scrivo su WhatsApp a Federico, che mi risponde subito.

> Ci vediamo un giorno, puoi?
> Anche oggi se vuoi, a che ora smonti?

«Smonti?» Che fico, Federico.

Alle quattro.

Se mi dai l'indirizzo ti passo a prendere. Devo andare a Bergamo a fare una commissione, ci possiamo andare insieme e intanto parliamo, ok?

Ok.

Fra Elettra che devo sposare e Federico che mi deve venire a prendere col taxi, la mia mattinata a scuola è un fiasco totale. Vengo ripreso dalla prof di matematica la prima volta alle otto e diciassette (cartellino giallo) e la seconda diversi minuti prima che arrivino le nove, con tanto di nota (cartellino rosso). Sono distratto, guardo per aria, mi agito, faccio cadere cose mentre mi metto e mi tolgo il maglione per far passare il tempo. Non riesco ad ascoltare neanche una frase di fila e quando arriva la nota mi sento come quelli che entrano in campo e vengono cacciati prima della fine del primo tempo. Ma qui il problema è che non espellono e quindi devo rimanere in campo, tenere duro, e anche gli arbitri successivi, da scienze a italiano, si accorgono che oggi non sono in forma, che non sono il solito degli altri giorni, e «prendono appunti» sul loro registro tanto perché rimanga traccia di questa mia giornata storta.

All'intervallo chiamo mia madre per dirle che non deve venirmi a prendere. Prima è un po' stupita ma poi sente che si tratta di Federico e dice: «Va bene, state diventando amici, sono contenta».

Racconto ai miei compagni che a fine scuola mi viene a prendere un amico in taxi e quasi mi picchiano.

«Pallista, pagliaccio, *buuuh*» mi urlano dietro.

«Giuro, ve lo giuro» insisto io facendo il galletto.

Con Federico non so se stiamo diventando amici ma quando riconosco il suo taxi bianco appena fuori dal portone della scuola entro in un sogno. Faccio sobriamente in modo di farmi notare dai miei compagni – «Ehi, ragazzi, avete visto, avete visto» urlo come un ossesso – e Federico, che capisce, mi viene incontro trattandomi come uno importante, uno che è fiero di portare sul suo taxi. Tipo vip o presidente della Repubblica.

Gli vado dietro come una star, tutti gli occhi della scuola sono fissi su di me, mi godo il trionfo camminando piano.

«C'è anche Anna» dice Federico quando sto per salire.

Intravedo una ragazza seduta davanti, lato passeggero, ha un sorriso bellissimo, gli occhi chiari, allunga la mano dal finestrino per presentarsi. Mi giro un'ultima volta e mezza scuola sta ancora guardando verso di me.

«Federico mi ha detto che ti stai facendo anche tu un radar» dice Anna, con tono scherzoso. Ma non mi prende in giro: da un po' nessuno lo fa, che fico. Anzi, come direbbero mia madre e Luca, mi dev'essere cambiato il karma. Bisogna che lo dica anche a quelli dello yoga della risata. Non ve l'ho ancora raccontato? È stata un'idea di quel fenomeno della zia Giorgia, la sorella di mamma.

BREVE STORIA DELLO YOGA DELLA RISATA

«Sai Gio, oggi stai con me perché tua mamma deve lavorare» mi dice al telefono mia zia una mattina. «Come sono contenta che passiamo un po' di tempo insieme, è tanto che non lo facciamo. C'è anche lo zio Stefano.»

Qui bisogna fare una premessa: mia madre ha due fratelli: una, mia zia Giorgia, è di tre o quattro anni più grande di lei e lavora nella pubblicità, e poi c'è mio zio Stefano, che invece fa l'imbianchino come il nonno, è molto più giovane delle due sorelle maggiori e non ha neanche quarant'anni. Sono simpatici, allegri, ci divertiamo assieme. Tutti e tre sono in modo diverso gentilmente strambi, l'opposto dei miei nonni, che invece sono molto tranquilli, ma forse da giovani anche loro erano così.

«Dai, bello! Dove andiamo, cosa facciamo, quando arrivate?» faccio io senza farmi pregare.

Pochi minuti dopo squilla il cellulare di mamma – sembra che non abbiano ancora capito che io ho un telefono –, dicono che sono sotto casa mia e la zia, appena entro in macchina, inizia a pronunciare frasi misteriose.

«No, Gio, niente cinema oggi.»

«McDonald's?»

«No, Gio, neanche McDonald's.»

«Parchetto?»

«No, Gio, niente parchetto.»

«E cosa facciamo allora?» dico io cominciando ad aspettarmi una sorpresa pazzesca.

«Vedrai, ti porto a fare una cosa che non hai mai fatto.»

«Tu lo sai, zio, dove andiamo?»

«No, non l'ha detto neanche a me» risponde lui e allora la cosa si fa seria.

«Cavolo, zia, sei misteriosa oggi» dico con un bel po' di stima.

«Mi hanno telefonato poco fa degli amici, è una specie di evento, poi capite, bisogna assolutamente che ci andiamo anche noi.»

Mi piace che ci sia altra gente, mi piace sempre quando c'è qualcuno di nuovo. Penso che magari farò amicizia.

«Vedrai, ti piacerà un mondo.»

A questa frase però alzo le antenne, comincio a preoccuparmi: di solito quando qualcuno ti dice «vedrai ti piacerà» è perché sa che si tratta di una cosa che non ti piacerà. E dietro c'è una qualche fregatura. Questo persino uno di dodici anni come me l'ha già capito.

Parcheggiamo davanti a un oratorio e la cosa per un attimo mi sembra promettente, forse riesco comunque a giocare un po' a calcio, magari trovo dei bambini simpatici che me la passano e non mi obbligano subito a giocare in porta. Ma non entriamo nell'oratorio, andiamo accanto, in un fazzoletto d'erba dove si vedono sei o sette persone in cerchio che chiacchierano fra loro e sembra siano impegnate a fare qualcosa che non si capisce cosa sia. Mi viene in mente quella volta che ho visto un signore in un parco fare delle strane mosse da solo, in mezzo a un prato. «Hai visto mamma, c'è un signore pazzo» avevo detto a mia madre. «È la capoeira, Gio» mi aveva spiegato lei.

L'eccitazione di mia zia mentre ci incamminiamo su questo prato è alle stelle: «Vedrai che ti piace, vedrai che ti piace, Gio» ripete adesso quasi isterica. Ormai sono davvero preoccupato.

Arriviamo in questo spiazzo, mia zia sventola il braccio a destra e a sinistra e quelli ci vengono incontro come dei santi salutando prima lei, qualcuno con la mano e altri unendo i palmi come per pregare e facendo un inchino come ho visto fare solo in *Pocahontas*. Tempo tre secondi e partono con dei cori di «Ma tu sei Giovanni, sei il nipote di..., tua zia ci ha parlato tanto di te». «Ma tu sei il fratello di..., come sono contenta di conoscerti» dicono invece le donne a mio zio che è un bell'uomo. I nostri sguardi, il mio e quello di mio zio, non si incrociano, evitiamo di farlo, per paura di dirci che stiamo pensando la stessa cosa.

«Ciao Giovanni», «Vieni Giovanni», è tutto un Giovanni qui, Giovanni là: questo eccesso di gentilezza mi mette ancora di più sul chi va là, soprattutto perché avverto gli occhi di mia zia su di me. Occhi che ripetono ovviamente il tormentone «ti piace, ti piace, ti piace» ma che soprattutto mi implorano di non dirne una delle mie.

Passano due minuti così, fra saluti e abbracci. La zia sembra sapere esattamente quello che ci aspetta mentre io e mio zio siamo ancora mezzo storditi da tante attenzioni. Noto che sono quasi tutti vestiti di bianco come al manicomio anche se, a essere sincero, non ricordo di esserci mai stato.

«Adesso vi spiego cosa dobbiamo fare» dice una che capisco essere il capo qui.

La sento cominciare e mi convinco che stiamo per essere coinvolti in qualche corso o qualcosa del genere. È come a scuola ma in una versione mezza pazza, senza banchi, né cattedre, né bambini. Con maschi e femmine come da me, ma con il più giovane che avrà almeno trentacinque anni.

Il capo invece è una signora sui quaranta, di quelle un po' con le collanine, l'incenso e le campane tibetane come le amiche di mia mamma, simpatiche, ma alle quali bisogna fare attenzione perché ti chiedono sempre cose strane tipo se ho la fidanzata o il mio segno zodiacale.

Pronti? Sì, adesso sì.

«... È molto importante rilassarci» dice la capa e fin qui penso abbia ragione. Poi inizia a battere le mani e dice un-due, un-due-tre. E poi oh-oh-oh a ritmo.

Tutti, come punti da una tarantola, iniziano a muoversi come dei pazzi, saltano e urlano. Guardo la zia e mi fa quasi paura. «Oh-oh-oh» mi urla addosso e sorride. Non vedo più lo zio, probabilmente è scappato, è un uomo crudele, lo sapevo, mi ha lasciato qui e adesso sono solo contro tutti loro. Mi stanno accerchiando e a breve anch'io entrerò in questa setta. Mi faranno un tatuaggio, mi chiederanno di giurare fedeltà e per me sarà finita.

«Adesso urlate ah-ah-ah» dice la capa.

Ci provo anch'io questa volta. Una serie di mani di gente che si dimena accanto a me si posano sulla mia testa e la accarezzano. La sensazione è di essere un po' come le palle del toro in Galleria Vittorio Emanuele, che più le tocchi e più ti portano fortuna.

Adesso non urlano più oh-oh-oh ma ah-ah-ah simulando una risata.

«Ti piace, ti piace?» mi chiede mia zia nel frastuono.

«Sì, zia, bello» le dico, perché sono un ragazzo educato e poi mica mi va di fare il guastafeste.

«Dovete risvegliare il bambino interiore, risvegliatelo, forza, forza» urla la capa e noto che le sta venendo l'occhio fisso. Intanto che mi frugo addosso alla ricerca del bambino interiore, mi chiedo cosa ne penserebbe Marilyn Manson di questo posto.

«Bravi, bravi, adesso che siamo rilassati possiamo cominciare a ridere.»

Faccio un passo indietro. Non sono mica scemo, so come vanno queste cose.

«Ci sono volontari per mostrare come si fa?»

Due passi indietro. Tre e quattro.

Il solito leccapiedi (sono davvero ovunque) si avvicina alla capa indicandosi.

«Bene. Ti chiami?»

«Mario.»

«D'accordo Mario. Metti le mani così come le metto io.»

La capa infila le dita di una mano in quelle dell'altra. Mi ricorda il gioco delle elementari, «specchio riflesso» credo si chiamasse, con uno che insulta l'altro e quello gli risponde: «Specchio riflesso», e gli manda indietro l'offesa.

«Adesso tira fuori i due mignolini, devono rimanere liberi, lascia che siano flessibili, leggeri.»

Due adulti oltre i quarant'anni, uno di fronte all'altro, che prima si fanno specchio riflesso e adesso giocano a fare la lotta dei mignolini.

«Ecco, attacca i tuoi mignolini ai miei... Vedi, così.»

Mario sembra impegnatissimo a muovere i mignolini nel modo giusto ma gli scappa una risata nervosa e non ancora «dello yoga».

«Ecco, adesso che abbiamo creato due mucche (giuro!), forza con una risata della mucca... Ah-ah-ah-ah-ah-ah.»

La risata della capa è fragorosa, un po' strana ma, questo glielo devo riconoscere, anche «mucchesca».

Tutti muccheggiano, qualcuno in maniera più muccosa, come direbbe il Grande Puffo, e quello che è sicuro è che nessuno si tira indietro. Intravedo lo zio due o tre file dietro di me, provo a raggiungerlo ma fra me e lui c'è un'intera mandria di mucche che muccheggiano, impossibili da superare.

Non ho scelta, mi lascio prendere dal gioco, un po' è divertente e piano piano capisco i rudimenti fondamentali affrontando tutta una serie di animali diversi, ogni volta introdotti dalla capa che spiega nei dettagli come sentirsi zebra, marmotta, serpente...

«Giovanni, sei pronto? Ti faccio vedere la risata dell'elefante» mi dice improvvisamente.

E io elefanteggio, dio mio come elefanteggio bene.

«Di cosa volevi parlarmi?» ricomincia Federico quando già siamo diretti verso la tangenziale e poi l'autostrada.

Ma io che mi sono preparato tutto il discorso, partendo dalle farfalle nello stomaco e dagli occhi a cuore, adesso non so come fare. C'è anche Anna, non siamo soli, non è mica la stessa cosa.

Ci giro intorno. Diceva non so chi: «Usare la forza dell'avversario per diventare forte tu». O qualcosa del genere.

«Quando vi siete conosciuti?» chiedo, e mi sento furbo da paura.

Federico e Anna si guardano prima un po' – dio come si amano, penso con la voglia di fare una foto e poi studiarmela per bene a casa –, poi è lei a cominciare.

«Da sempre. Siamo cresciuti nello stesso quartiere e ci incontravamo spesso nel cortile del mio palazzo. Federico mi piaceva perché era un ascoltatore pazzesco, anche da piccolo...»

«Ascoltatore pazzesco»: prendo nota mentalmente. *Devo essere un ascoltatore pazzesco. Devo essere un ascoltatore pazzesco.*

«Ovviamente lui era un maschio, io una femmina: quindi per la gran parte del tempo lui giocava a calcio con gli altri ragazzini e io alle bambole con le mie amiche. Ma ci volevamo bene. O almeno, io gli ho sempre voluto bene, c'era una simpatia.» Anna parla e io e Federico ci scambiamo regolari sguardi di intesa attraverso lo specchietto retrovisore. «Poi a un certo punto è scomparso. Dopo ho capito che era colpa della malattia che aveva cominciato a darci dentro.»

«Cioè?»

«Ero più o meno come te in seconda media» interviene Federico. «O forse in prima. Non mi ricordo mai niente di date e cose così. Comunque all'improvviso, poco dopo la morte di mia madre, che se n'era andata per l'Aids ma io ovviamente sapevo che era per una qualche insufficienza polmonare, ho cominciato ad ammalarmi in continuazione: bastava che stessi un pomeriggio all'aperto che il giorno dopo avevo la polmonite. Io ero all'oscuro di tutto, sapevo solo di essere immunodeficiente» aggiunge, sempre con uno sguardo un po' ironico, come se dicesse che più che «immuno» era deficiente a continuare a crederci. «I miei nonni invece sapevano che era per l'Hiv, quindi ho ricevuto comunque le cure giuste. È durato qualche mese, le medicine hanno messo il virus in sonno e io ho ripreso la mia vita di prima.»

«A diciannove anni – dice Anna – abbiamo riallacciato i rapporti e la simpatia è diventata in fretta un'altra cosa. Mi sono innamorata, abbiamo preso a uscire insieme e praticamente subito, dopo il primo bacio o forse anche prima, Federico mi ha spiegato quello che aveva. Mi ha chiarito bene cosa voleva dire, ma io non ho mai avuto alcun dubbio...»

Minchia, Federico, che radar, penso bello comodo sul sedile posteriore della Multipla bianca multiaccessoriata. Non c'è il frigobar?, mi chiedo, in pieno delirio di onnipotenza. Ma è una Multipla, una Fiat Multipla, mi sussurra all'orecchio un Giovanni più ragionevole.

«... Ero innamorata di lui e me lo sarei preso anche se mi avesse detto che veniva da un'altra galassia.»

Sempre nel mio cantuccio, sempre con gli occhi nello specchietto retrovisore in cui Federico ha i suoi, comincio a diventare un po' invidioso. Ma dura un attimo, poi l'auto entra in tangenziale e mi metto ad ammirare un parco che non so come si chiami.

«Cos'è?»

«Il Parco Lambro» risponde sicuro Federico, che non per niente fa il tassista.

«Bello. Ma le vie le sai tutte?»

«Sì.»

«Via Bari?» gli chiedo.

«Quartiere Barona.»

«Via Ceriani?»

«Baggio.»

«Via Adelchi?»

«Troppo facile, fra via Vallazze e via Porpora.»

Cacchio. Mi fermo un attimo e me ne viene una pazzesca, in realtà non so neanche se esiste. O forse ci sono andato una volta a un compleanno.

«Via Benadir?»

«Traversa di via Palmanova.»

Niente, ci rinuncio, lascio perdere, la mia stima è alle stelle ma Anna non sembra così divertita quanto noi. E ha ancora una storia da raccontarci.

«Io ero piccola e con qualcuno avevo bisogno di confidarmi. Anche se in fondo, nella mia testa da ragazzina, mi sembrava fichissimo stare insieme a un ragazzo con una storia così complicata. Credo che un po' mi piacesse l'idea di ribellarmi ai miei. Ho un mucchio di sorelle, cinque, e ne ho parlato con quella che sentivo più vicina, che ha otto anni più di me e ne aveva quindi ventisette. Lei mi ha ascoltata e ha reagito in maniera molto brutta. Mi ha fatto subito una scenata. Diceva che dovevo lasciarlo e che se non lo facevo ne avrebbe parlato con i miei...»

«E tu?»

«Tu che dici, Gio?»

«Mah, non so...»

La guardo due secondi.

«... Te ne sei fregata.»

«Esatto. Ma ne ho parlato subito con Federico che è sempre stato uno molto serio. Maturo. O nato vecchio, come gli dico quando lo voglio prendere in giro. Gli ho detto mezza esaltata che mia sorella era una stronza e che io lo amavo e sempre l'avrei amato. Lui era Romeo e io Giulietta, mi sembrava molto romantico pensare di essere io e lui contro tutti. Saremmo scappati, avremmo formato una famiglia su un'isola e ci saremmo nutriti solo di noci di cocco... Insomma, qualcosa del genere. Ma non c'ero molto con la testa in quei giorni e continuavo a sbagliare previsioni: pensavo che mia sorella mi avrebbe capita e che Federico mi avrebbe sposata, cavallo bianco, carrozza...»

«Che poi era una Panda 750» la interrompe Federico.

«E invece?» la incalzo io come un fan di *Violetta* a cui si è appena rotta la tele sul più bello.

«E invece Federico mi ha detto che non voleva che io rovinassi i rapporti con la mia famiglia per colpa sua. Perché la famiglia era importante, più importante di noi due insieme e che sarebbe stato meglio rimanere amici e basta. Ha sempre avuto un po' questo atteggiamento da fratello maggiore nonostante abbia solo un anno più di me. Diciamo che era più lui ad aver paura...»

Vedo che sorridono e ormai ho capito che quando si sorride così c'è di mezzo qualcosa che ha a che fare col sesso.

«E quindi?» chiedo come se qualcuno improvvisamente avesse schiacciato «pause» sul film proprio mentre mi stavo godendo la storia.

«L'ho convinto ad andare avanti. A Federico non piaceva molto la cosa, ma ci vedevamo di nascosto e non troppo spesso, per non correre rischi e non farci beccare. Solo che ovviamente mia sorella l'aveva capito, anche perché ogni volta che lo vedevo tornavo a casa con gli occhi sempre più innamorati.»

«Lo so, lo so» dico dal sedile posteriore col tono di uno che soffre per amore. Anna si gira di colpo verso di me un po' stupita, prima si guardano con Federico e poi fanno insieme una specie di «ahhhh».

«Niente, dicevo per dire» butto lì io. «Dai, continua, dai» dico ad Anna fra l'impaziente e l'imbarazzato.

«Una sera sono tornata a casa e mi hanno teso una specie di agguato. I miei erano andati via da qualche parte e mi sono ritrovata con tutte le mie sorelle e i vari mariti stretta in un angolino della cucina a provare a difendermi. In realtà non è che ci tenessero tanto a sapere di Federico o del fatto che io fossi innamorata persa di lui. La questione era semplicemente che dovevo smettere immediatamente di vederlo e che se me ne fossi fregata come la prima volta sarebbero andati dritti da mamma e papà. Io ho detto che non mi importava e così, due giorni dopo, la stessa riunione l'abbiamo fatta con i miei.»

«Cavoli» mi scappa dal sedile dietro.

Ascolto Anna e penso a come mi piacerebbe avere anch'io una ragazza che fa pazzie per me. Come dev'essere bello che una persona preferisca te a qualsiasi altra cosa. E non perché è tua madre o tuo padre.

Intanto Federico mette la freccia, si avvicina al casello ma non si ferma perché ha il Telepass ed esce dall'autostrada prima di tutti. Devo dirlo a mia madre, bisogna che lo mettiamo anche noi, penso.

«Che comodo» dico a Federico. «Ma dove andiamo adesso?»

«Da mia nonna. Una sua amica ha l'orto da qualche parte fuori Bergamo e le regala sempre un po' di pomodori.»

Anna intanto prosegue. «Mia madre è stata molto dura con me. Diceva che ero una cretina, che lo facevo solo per farle dispetto. Mi accusava di averlo fatto entrare in casa senza dire niente a nessuno, di aver messo tutti a rischio. Federico in effetti veniva spesso per aiutarmi a fare i compiti, è sempre stato molto più bravo di me a scuola. Io sono scoppiata a piangere, urlavo che lo amavo, che non volevo smettere di vederlo, ma anche mio padre è stato severissimo. A un certo punto è arrivato il messaggio di Federico che diceva che era sotto casa: avevamo appuntamento da prima, non potevamo immaginare. Io avevo voglia di raggiungerlo comunque e mia sorella è venuta con me, per parlargli. Siamo scese insieme e ci siamo sedute in macchina: lei davanti, accanto a Federico, e io dietro.»

«Cacchio.»

«Sì, davvero. Hanno parlato tipo un'ora, senza considerarmi neanche un secondo. Era come se io fossi una bambinetta e loro i grandi che dovevano decidere. Federico continuava a dare ragione a mia sorella: le diceva che capiva il fatto che avesse paura e che forse non aveva tutti i torti a dire che lui non era la persona giusta per me. Che cavolo stai dicendo?, pensavo io, lì dietro. Ma avevo già combinato abbastanza guai. Sono andata avanti ad ascoltarli, con Federico che diceva che probabilmente al suo posto neanche lui avrebbe voluto che suo fratello si mettesse insieme a una persona che poteva attaccargli una malattia... Le ripeteva quello che aveva già ripetuto a me provando a farmi ragionare, e cioè che la famiglia era importante e che lui non avrebbe mai accettato che io la perdessi per colpa sua. L'atmosfera non era proprio allegra ma c'era un che di comico perché il telefono di Federico continuava a squillare: i suoi amici erano incazzati neri perché dovevano giocare a calcetto e lui li stava lasciando in nove. Noi eravamo lì a decidere del nostro futuro, discorsi esistenziali, e come capita spesso qualcun altro ci riportava al presente, aveva bisogno di noi adesso...»

«Che facciamo?» chiede Federico. «Siamo arrivati.»

Anna lo guarda come se fino a quel momento fosse stata in trance.

«Sei un buon ascoltatore» mi dice e io quasi faccio un salto sul sedile perché ho già imparato una cosa e c'è ancora tutto il viaggio di ritorno.

Parlar d'amore in taxi (secondo tempo)

"SAI. CI SONO DEI GIORNI IN CUI MI FERMO A PENSARE
SE TUTTO QUESTO POSSA CAMBIARE.
POI MI GUARDO INTORNO
E CAPISCO CHE GENTE COME ME
BEN POCA CE N'È."

«Dai, salgo io» fa Federico, che tanto la storia la conosce.

Resto nel taxi insieme ad Anna. È come con André: ero io ad aver bisogno d'aiuto ma vedo che anche per lei è importante raccontare questa storia. Forse perché è orgogliosa di essere arrivata fin qui e ha questa gioia negli occhi: la osservo ogni volta che posso, voglio che quello sguardo mi si fissi nella mente.

«Ma quindi?» la incalzo. Questa interruzione un po' ci ha distratti.

«Dov'eravamo?»

«A Federico che non rispondeva agli amici del calcetto. A proposito, poi come hanno fatto?»

«Ah non lo so.»

«Magari col portiere volante...»

«Dopo quella lunga chiacchierata in macchina, per quasi un anno ci siamo frequentati come amici.»

«Niente baci?» le chiedo, ormai a mio agio nel ruolo di amico ascoltatore.

«Più o meno» ride lei.

C'è un mondo pieno di sottintesi là fuori, caro Gio, mi dico.

«Io comunque mi ero proprio intestardita...»

«Immagino.»

Anna sembra una che non si ferma davanti a niente. Strano tutto questo parlare di amore e intorno a noi solo asfalto, un gran traffico, clacson. Si sta davvero bene qua dentro.

«Volevo beccarlo in tutti i modi, diciamo che lo seguivo dove sapevo che avrei potuto incontrarlo: andavo al calcetto, alla sala giochi... E quando lo vedevo cercavo di fare in modo di rimanere da sola con lui. Ma lui si manteneva distante. Anche perché credo che a un certo punto ne avesse anche un'altra di fidanzata» conclude sottovoce.

Io cerco di non farlo vedere, ma che Federico potesse contemporaneamente avere una come Anna che gli moriva dietro e pure una fidanzata mi fa quasi stramazzare dall'invidia.

«Insisto come una matta per rimetterci insieme. È pazzesco ma non riuscivo a vivere senza di lui. Non riuscivo neanche a immaginarmelo. E forse anche per Federico era lo stesso, perché per l'ennesima volta ricominciamo a vederci spesso, poi a stare insieme, e la nostra storia riprende.»

«E i tuoi?»

«I miei capiscono che conviene cambiare strategia. Si dicono che forse a me piace il fatto di trasgredire un divieto e che il mio amore per Federico è solo per farli incazzare. Si convincono che a furia di impedirmi di stare con Federico, lui per me è diventato un'ossessione. E allora non mi dicono più niente, lasciano che io lo veda, dicendosi che in quel modo mi passerà. Come discorso aveva un senso ma non teneva conto della cosa più importante: che io di Federico ero profondamente innamorata e non era una ripicca adolescenziale.»

«In che senso?»

«Lo capirai. Ci stai entrando. Ti sei mai innamorato?»

«No» dico con un tono di voce troppo alto.

«Dai...»

«No, nooooo.»

«Come si chiama?» dice Anna, dolce.

«Ho detto che *non* mi sono innamorato, non mi senti?» le rispondo infastidito.

«Dimmi almeno com'è. Mora?»

Arrossisco di nuovo.

«Capelli lisci... no, ricci?»

Ormai sono paonazzo.

«Mora con i ricci... carina. Va be', ti lascio in pace.»

«Grazie» dico da dietro con la voce da gufo.

«Comunque un sabato sera siamo usciti, siamo andati a bere qualcosa e poi Federico mi ha riaccompagnata a casa. Siamo rimasti come al solito davanti alla porta per un secolo e poi ci siamo addormentati in macchina. Troppe birre, troppi baci, non so, siamo svenuti sui sedili. A un certo punto mi sono svegliata di soprassalto e mi sono accorta che erano le cinque... ero disperata. Ho capito subito che stava per scoppiare un casino enorme, perché i miei andavano a letto ma non dormivano mai veramente finché non mi sentivano rientrare. Saluto rapida Fede e vado...»

Anna parla e parla e intanto vediamo Federico uscire da casa di sua nonna con una cassetta piena di pomodori. Scendo dalla macchina, gli vado incontro, almeno per aiutarlo a raccoglierne due che sono caduti dalla cassetta.

«Sono buoni, assaggia» dice Federico.

Ne prendo uno, sono pomodori perini. È vero, sono ottimi.

«Gli sto raccontando di quando ci siamo addormentati in macchina» riprende Anna quando rientriamo nella Multipla.

Federico la guarda e ride come uno che è sopravvissuto a una bufera sull'Everest. O a uno tsunami in Sri Lanka.

«Quindi cos'hai fatto?» le chiedo fra un perino e l'altro, perché ci sto prendendo gusto.

«Niente, sono salita.»

«Da sola?»

«Certo, non ero mica matta.»

«Apro la porta con la chiave, piano piano, lentamente, ma la situazione è peggio del previsto. Non c'era solo una lucina all'ingresso, giusto per dire manca ancora una figlia ma noi la aspettiamo a letto. Le luci erano tutte accese, come alle sette di sera prima di cena. Varco la soglia e sono già tutti lì, mamma, papà, le mie sorelle, giuro, tutti svegli ad aspettare me. Da almeno tre o quattro ore. E quindi sono anche incazzati neri. "Eri con lui?" mi chiede mio padre. "No" rispondo io. Primo schiaffo.»

Io da dietro ridacchio.

«"Eri con lui?" ripete mio padre. "No" provo io per la seconda volta, e ricevo un altro schiaffo. Ma forte, proprio forte. La guancia mi brucia, andiamo avanti con domanda-risposta-sberla un altro po' finché decido di piantarla. "Sì" dico. Che tanto lo sanno benissimo. E magari la smettono con le sberle.»

«La smettono?»

«No. Quella dopo il sì è forte come tutte le precedenti messe insieme. Ma più in là non si può andare e riprendiamo a parlare. O qualcosa di simile. "Allora vattene fuori di casa" mi dice mia madre.»

«E tu?»

«Se ci ripenso, mia madre aveva le sue ragioni ma è stata davvero molto cattiva con me. Più le dicevo che lo amavo più lei continuava a ripetermi che mi sarei trovata da sola, non avrei avuto nessun aiuto, perché se mi fossi messa con lui avrei perso loro. Io ero talmente determinata che intanto avevo lasciato l'università e mi ero trovata un lavoro per riuscire a pagarmi un affitto e non dover più essere controllata. Ma ovviamente non erano i soldi a farmi paura. O almeno non solo quelli.»

Penso a me che mi allontano da mia madre. Neanche morto. Neanche per andare su Marte. Ma lo tengo per me, perché mi sa che anche questo è un pensiero da bambino.

«... Comunque mentre ero lì a litigare con i miei e a buttare vestiti nella valigia, ho pensato che era con lui che dovevano parlare e non con me. Sono scesa, gli ho spiegato la situazione.»

«Aveva le guance belle rosse» interviene Federico.

«Mooolto rosse. Gli ho detto se voleva salire, mentre io sono rimasta giù in macchina. Con l'idea che se loro non lo avessero ascoltato non sarei più tornata a casa. Ho fumato duemila sigarette e più che la fidanzata di un sieropositivo mi sentivo il marito di una partoriente negli anni Cinquanta. Che rimane fuori con l'angoscia di quello che succede dentro.»

«Cos'è? Che musica è?» chiedo.

«Nick Cave» dice Federico.

«Mai sentito. Bello.»

«Glielo racconti tu?» fa Anna dopo una pausa.

«Niente...» dice Federico che nel frattempo è ripartito e sta per entrare di nuovo in autostrada con il Telepass che bisogna che anch'io e mia madre ci procuriamo. Non c'è traffico, ma si vede che Federico è concentrato su quello che stiamo dicendo e guida ancora più piano che all'andata. Inizia il racconto e mi piace sentirlo parlare. Più che altro mi piace questa cosa di parlare stando in macchina. «... Anna mi ha chiamato e sono salito un po' spaventato di prenderle anch'io. Arrivo ed erano tutti sveglissimi. Non erano andati a letto per niente: non ce n'era uno che ne so in pigiama, o in mutande. Io invece avevo un sonno pazzesco ma non c'era proprio un clima da "ne parliamo domani". Mi sono seduto e ho ripetuto ai suoi genitori che l'amavo tanto, che volevo passare la mia vita con lei.»

«A me in tre anni non l'hai mai detto ma fa niente...» lo interrompe Anna un po' acida. Ma si vede che un po' le piace che l'abbia fatto con i suoi.

Memorizzo anche questa mentalmente. *Non dire subito ti amo, farsi desiderare.*

«... E poi, soprattutto, mi sono messo a spiegare ai suoi la malattia. Si vedeva che un po' se l'erano già studiata da soli, avevano provato a capirci qualcosa al di là dei soliti pregiudizi o di quello che si sentiva in giro.»

«Degli omini viola» dico.

Anna mi guarda stupita, Federico non lo so, perché sta guidando.

«Come lo sai? Non c'eri neanche» dice Anna.

«Me l'hanno detto» rispondo io fra il bullo e il misterioso.

«È mora. E con i riccioli» dice Anna un po' pettegola a Federico. Che è un uomo e quindi tira dritto.

«Ho parlato del contagio, del fatto che con la saliva non si passa la malattia e neanche con il semplice contatto fisico, una stretta di mano, un abbraccio; e che può succedere solo se c'è un rapporto sessuale o se ci sono due ferite aperte, ma ovviamente è molto difficile che capiti, a meno di un incidente grave. Gli ho raccontato anche come me l'ero preso: non è che proprio me lo fossi andato a cercare, mi era capitato a basta. E poi ho spiegato come la pensavo: che capivo le loro perplessità, anzi, le capivo benissimo. Che se fossi stato il padre di Anna probabilmente anch'io avrei voluto un altro ragazzo per mia figlia. E poi, siccome loro insistevano che poteva comunque succedere qualcosa, ho detto sinceramente che non mi sarei mai perdonato di trasmettere il virus ad Anna e che ero io il primo a evitare qualsiasi rischio. Lì per lì ho omesso di dire che, fra i due, sembrava che fossi solo io quello che stava attento...»

Ridiamo.

«Sì, se ci penso adesso, io ero veramente un po' pazza. Sai quelle cose da adolescenti: voglio condividere tutto con te, Hiv compreso...»

«Con quella frase – continua Federico –, quella che non mi sarei mai perdonato di far ammalare anche lei, devo essere stato convincente perché improvvisamente hanno smesso di urlare e cominciato a parlare. Ed è stato un bel passo avanti. Da quel primo passo ne abbiamo fatti altri e siamo arrivati qui. È quello che consiglio anche a te di fare: più ne sai su questa malattia e meno ti può far paura. Perché ce ne sono di molto peggiori e nessuno di noi morirà giovane, a meno che non ci venga qualcosa di veramente serio.»

«Tipo quelli di *Braccialetti rossi*?»

«Sì, tipo quelli.»

«Diciamo che dopo quell'alba insieme – va avanti Anna, in questo loro passarsi la palla come due attaccanti che si conoscono a memoria – i miei hanno cominciato a intuire com'era veramente Federico. Piano piano dopo quella sera hanno iniziato ad accettarlo, a convincersi che il problema non era insormontabile, non era una cosa impossibile. Che l'unica matta fra i due ero io e che con lui ero in buone mani.»

Tutti e tre rimaniamo per un po' in silenzio, c'è traffico sulla tangenziale, Federico guida sempre piano come uno che non ha nessuna fretta di arrivare.

«Due anni fa ci siamo sposati» ricomincia Anna. «E adesso mi capita addirittura di essere gelosa di Federico perché i miei hanno più voglia di parlare con lui che con me. E quando magari mi fa arrabbiare o mi lamento di qualcosa loro lo difendono sempre e dicono che sono io che ho un brutto carattere. Stiamo pensando di avere un figlio. Prima Fede lavorava in un ufficio ma non era contento, si lamentava sempre e capivo che non era il momento perché voleva trovare un modo per cambiare lavoro. Adesso si è inventato questa cosa del taxi ed è cambiato tutto: si sveglia allegro, esce di casa felice.»

Non faccio nessuna fatica a capire perché. Cacchio, dev'essere proprio un bel lavoro il tassista. E non vorrei più scendere da quella macchina.

«Siamo andati a parlare con la Giacomet. Ovviamente vogliamo andarci piano ma ormai abbiamo visto che i rischi di passare la malattia sono bassissimi e che se facciamo il lavaggio dello sperma posso rimanere incinta e partorire un figlio sano come qualsiasi mamma.»

Penso a me, ad André, a tutti quelli con cui ho parlato, e mi chiedo perché non poteva andarci facile anche a noi. Pazienza.

«Ma tu cosa volevi raccontarmi?» mi chiede Federico che improvvisamente si è accorto che hanno parlato solo loro due.

«Niente» dico contento di aver passato del tempo con loro.

Quando riconosco casa mia sono quasi le sette. Ringrazio Fede e Anna e salgo da mia madre. È contenta di vedermi, come se fossi stato via anni. E un po' è così: tutte quelle chiacchiere, tutti quegli sguardi fra di loro, questi pensieri nuovi.

Le racconto ovviamente solo le cose più facili: i miei compagni invidiosi per via del taxi, noi che ce ne andiamo dalla nonna di Federico, la moglie di Federico che è simpaticissima. Per un po' parliamo, poi guardiamo insieme su internet il posto dove andremo in vacanza. La scuola è quasi finita e fra un po' partiamo insieme per le Marche. Sono posti belli ma adesso sono stanco e per una volta sono io a decidere che ho voglia di andarmene a dormire.

Sono a letto da pochissimo quando la chiamo, come facevo da bambino. «Mamma, mamma!» grido, anche se suona ormai un po' strano.

Lei si avvicina, io mi tiro su e l'abbraccio. Fortissimo.

Stavo provando a diventare vegetariana

"ALLORA RIPRENDO A CAMMINARE
MA CON LO SGUARDO NON SMETTO MAI DI AMMIRARE
QUANTO ALCUNE PERSONE HANNO AVUTO UNA BENEDIZIONE:
PIANGONO PER QUELLO CHE NON HANNO
MA CHI VUOL TROPPO NON SI ACCONTENTA MAI
E SOLO CHI APPREZZA CIÒ CHE HA
STARÀ SEMPRE FUORI DAI GUAI."

La scuola finisce e dopo un luglio a saltare da un nonno a una zia a un cugino, in attesa che mia madre si liberi dal lavoro e si possa partire in vacanza, ce ne andiamo nelle Marche. C'è il sole, c'è il mare che mi piace da morire. Gli amici di mamma sono simpatici e sdraiato sulla sabbia mi sembra di essere molto meno sieropositivo.

Per il resto, tutto normale: un bambino mi tira la sabbia negli occhi, io rimango mezza giornata accecato e dieci minuti dopo lo abbatto con uno sgambetto fingendo di non averlo fatto apposta. Cose così.

Stiamo lì tre o quattro settimane, poi arriva la fine di agosto e ce ne dobbiamo tornare indietro, con Milano che non si è accorta che le ferie sono finite ed è invasa da zanzare, cimici e cavallette neanche fossimo su un'isola tropicale.

La scuola non è iniziata, c'è ancora un po' di nonni-zie-cugini, mi presento al Sacco per il solito controllo di routine e quando arriva il sabato ci torno per le prove dell'*Eneide*. Ci facciamo grandi feste, è bello rientrare dalle vacanze proprio perché si rivedono gli amici ma, tempo dieci minuti, sulla faccia del regista, dopo un rapido giro di prova, una breve panoramica degli attori, compare una striscia prima rossa e poi viola che dalle tempie raggiunge il mento. Ci guarda e ha le gocce di sudore sulla fronte che aumentano via via che scopre che, ebbene sì, non ci ricordiamo più niente. Ma proprio niente. Non è che ci siamo persi solo qualche battuta, è come se quel sabato di settembre ci incontrassimo per la prima volta e lui ci stesse dicendo: «Sapete la storia di Enea, l'eroe troiano che scappa dalla sua città con il padre sulle spalle... Potremmo fare quello per il corso di teatro. Io sono Max, volete dirmi i vostri nomi?».

«Dai, concentratevi» ripete affranto provando a dirsi che si tratta solo di un file spostato nella cartella sbagliata che non riusciamo più a trovare ma che lui riuscirà a riportare sul desktop.

Illuso.

«Dai, Giovanni, almeno tu» insiste.

Molto, illuso.

Angelo, uno grande, uno che faceva il medico e che dà sempre una mano con le attività anche se non è sieropositivo, almeno credo, e che adesso fa Virgilio, si mette a leggere l'inizio.

«Canto le armi e l'eroe, il quale per primo dalle coste di Troia giunse in Italia, profugo per volere del fato...»

Lo guardo e mi domando perché lui che fa Virgilio può leggere direttamente dal testo e io che sono Enea devo imparare tutto a memoria. Che poi, proprio perché è Virgilio, dovrebbe almeno ricordarselo visto che l'ha scritto.

«Manca un mese allo spettacolo» dice il regista, sull'orlo delle lacrime. «Sono quattro sabati» aggiunge.

«Facciamo così: Angelo starà sempre sulla scena per suggerirvi» spiega dieci minuti dopo ormai disperato. «Ma non di nascosto, facciamo una cosa intelligente» dice come se fosse un'idea fica e non una pezza. «Basta che lo facciamo in modo che risulti divertente. Non ci nascondiamo. Lo interpellate apertamente.»

Lo interpreto come un «liberi tutti» e torno a fare lo stupido saltando da un gruppetto all'altro.

Dopo poco per fortuna il corso finisce e ce ne scappiamo facendo finta di non sentire Max che ci implora di preparare la parte per la settimana seguente.

Riprende anche la scuola, la voglia è pochissima, sono sempre lì a guardare fuori dalla finestra e, a furia di guardare, ormai siamo ai primi di ottobre, mia madre viene convocata dalle professoresse. «Giovanni è strano, è distratto. Intendiamoci: è sempre distratto, e anche strano. Solo che adesso è ancora più strano e ancora più distratto» dicono.

«Che c'è?» mi chiede mia mamma a casa.

Non le rispondo ma giro la domanda su di me.

Che c'è?, mi chiedo.

È come se l'Hiv se ne fosse andato in vacanza e al ritorno fosse diventato due volte più forte. Come se prima fosse solo una cosa da guardare dal di fuori e adesso fosse entrato a far parte della mia vita e fosse reale.

«Sai cosa facciamo» dice mamma che forse pensa che mi manchino gli incontri con la setta di prima dell'estate. «Andiamo a trovare Matteo. È un po' che ci voglio andare. Fa il cameriere in un ristorante, è simpatico, vedrai» aggiunge visto che io non dico niente.

«Che cosa si mangia?»

«Non so, credo prodotti locali.»

La parola «prodotti locali» mi fa lo stesso effetto di «yoga della risata» e mi preparo rassegnato a una sequenza di zucchine dalle forme venute male, quintali di tofu e tanta, tantissima soia. Ma almeno si esce e si va un po' in giro.

Il ristorante è nel parco del Ticino, che non lo sapevo ma è enorme e se non lo prendi dalla parte giusta è praticamente impossibile da superare senza girarci intorno. Con mamma ci perdiamo diverse volte, lei insiste con in mano una cartina di Milano e dintorni di un'epoca in cui da queste parti si girava coi calessi e io capisco altrettanto poco arrovellandomi con il navigatore del cellulare.

«Fermati» le dico ogni volta che incontriamo qualche raro viandante. Quelli si fermano riconoscenti, io faccio il nome del ristorante e tutti rispondono: «Certo, lo conosco, certo», ma poi non sanno dov'è. Come se in realtà avessero più che altro voglia di chiacchierare.

«Ma si mangia bene?» chiedo a una vecchietta senza denti e con un foulard sulla testa tanto per fare conversazione e toglierla dall'imbarazzo.

«Sì, sì, è buono.»

«Ma cosa si mangia?»

«Non mi ricordo.»

C'è qualcosa di strano in questo ristorante di cui tutti conoscono il nome e nessuno il menù, ma quando finalmente vediamo un cartello mezzo arrugginito e ci infiliamo in questa strada sterrata, con la mamma che manovra fra le buche come in una di quelle gare coi fuoristrada, lo spettacolo è meraviglioso: ci sono alberi tutti diversi o forse sono tutti uguali ma con una tonalità autunnale differente e i colori che vanno dal rosso al giallo, al giallo chiaro, fino al marrone quando tutte le foglie se ne sono belle che cadute.

«Che meraviglia» dice mamma rallentando di fronte al cartello del parcheggio del ristorante.

«Secondo te è buono questo?» le chiedo con in mano un fungo rosso a puntini bianchi quando parcheggiamo e scendiamo dalla macchina.

«Lascialo subito giù, non vedi che è matto?»

Rimango un po' deluso ma penso che anche se siamo in provincia di Gallarate questa è un'avventura.

«Cosa vi porto?» chiede Matteo dieci minuti dopo, quando finalmente ci sistemiamo a un bel tavolo davanti a un caminetto.

«Mi piace moltissimo qui, Matteo, peccato non esserci venuta prima» dice mamma, e io la penso uguale. C'è un bel calduccio, i tavoli di legno, il camino, alle pareti delle stampe di cascine della zona e di una signora vecchia dietro a un carrettino con su scritto «gelati».

«C'è anche Giada, voleva conoscerti» dice Matteo con penna e blocco in mano intanto che mamma legge il menù. La vedo avvicinarsi e inizio a salutarla sollevando leggermente la mano neanche fossi una celebrità.

«Dicono che stai facendo un'indagine» comincia lei, socievole.

«Più o meno.»

«Stavo provando a diventare vegetariana» dice invece mia madre fra il divertito e l'orripilato facendo scorrere il menù di cacciagione, salumi e selvaggina.

«Niente senza carne?» medita ad alta voce.

«Mangiati la polenta» dico io.

«Guarda» mi fa indicandomi sul menù la lista delle polente: polenta col cervo, polenta col daino, polenta con la salsiccia. È una carneficina.

«Chiedila liscia» sbuffo.

«Cassoeula[xxx] per me» dice Giada.

«Due» dico io.

[xxx] PER CHI NON ABITA DALLE MIE PARTI, LA CASSOEULA È UN PIATTO TIPICO LOMBARDO. INGREDIENTI: PIEDINI DI MAIALE, ORECCHIE DI MAIALE, COTENNE DI MAIALE, COSTINE DI MAIALE, SALAMINI VERZINI, LUGANEGA, VERZA, CIPOLLA, SEDANO, CAROTE, BURRO, VINO BIANCO, SALE, PEPE. SCUSA MAMMA.

«Tu pensaci – dice Matteo a mia madre –, intanto vi porto gli antipasti.»

Nel giro di pochi secondi arrivano due vassoi enormi con lingua salmistrata, cotechino e bresaola: mamma mangia le cipolle e i peperoni stipati dentro alcune ciotoline colorate mentre io e Giada ci lanciamo sui salumi come due naufraghi.

È tutto buonissimo e Giada mi racconta di lei e Matteo, dei «vecchi» del Sacco. «Quelli nati negli anni Ottanta» dice.

«Federico lo conosci?» le chiedo già alla seconda fetta di lingua.

«Di nome. Non viene mai al Sacco. L'avevo incrociato anni fa ad Arkè ma al Sacco credo passi giusto per i controlli, non dà molta confidenza.»

Vorrei spiegarle la cosa del radar ma temo che pensi che lo usi anche per tenersi alla larga da loro. Giada ha i capelli neri, lunghi, e gli occhi che luccicano come una a cui non sfugge nulla.

«Da bambina al Sacco ci andavo spessissimo. Mi avevano detto che avevo un cuore fragile. "La bambolina dal cuore debole" mi chiamavano le infermiere e a me sembrava una cosa dolce, femminile. Ci sono praticamente cresciuta in quei cortili e poi c'è stata la fase in cui ci andavo anche per vedere mia madre. Che all'ultimo era ricoverata nel reparto degli infettivi» dice a un certo punto sorseggiando un bicchiere di vino.

«Ma dov'è?» chiedo dopo una forchettata di salame con cui faccio la scarpetta sul fondo di olio, aglio e prezzemolo dei peperoni.

«Sempre lì, non è lontano dalla pediatria. Adesso è cambiato ma prima c'era questo corridoio lungo con i malati di Aids che stavano sui letti dietro le vetrate. Non si poteva entrare, non li potevi toccare: le veneziane rimanevano abbassate e ogni tanto, quando arrivavamo noi parenti, venivano tirate su.»

La ascolto e mi viene in mente una visita con la scuola alla Certosa di Pavia: le celle delle suore di clausura e queste porticine girevoli per passare il cibo senza vederle in faccia.

«... Lo so che non c'entra ma ci ho ripensato vedendo in un film un *peep show*, quegli spettacoli in cui gli uomini vanno a guardare le ragazze che si spogliano dietro un vetro. C'era questa cosa del sipario, come se si svelasse un segreto...»

La osservo per un attimo complice, fingendo di averci pensato anch'io.

«Ecco la cassoeula. Sicura che non la vuoi provare?» ci interrompe Matteo rivolgendosi a mia madre. Che se ne fa mettere un po' nel piatto.

«La assaggio» dice lei con l'aria di chi fa una gentilezza.

«Minchia, è buonissima» sentenzio io subito dopo, addentando un pezzo enorme di cotenna.

«Ma lo sapevi già?» chiedo a Giada.

«Cosa?»

Uso la mia migliore tecnica di sottovoce imparata nella casa dalle pareti di carta. Insomma, casa mia.

«Dell'Hiv.»

«Sì, mio padre se n'era già andato ma mia madre ha fatto in tempo a dirmelo. E io a odiarla.»

Guardo mamma e lei guarda me ma non diciamo niente.

«Mia madre non era neanche drogata. Si è innamorata di papà che girava sempre per il bar in cui lei faceva la cameriera e, dopo che sono usciti una volta, era talmente cotta che non ha pensato a niente. Non ha pensato che si sarebbe ammalata, che lui l'avrebbe trascinata in tutta la sua merda. L'ha amato e basta: probabilmente anche quando papà ha cominciato a fare delle rapine per pagarsi la droga.»

Rapine?

La guardo allibito. Mai pensato di avere una vita tanto monotona come da quando conosco tutti questi sieropositivi. Ok un tassista, ma, cacchio, un rapinatore!

«Ma cosa rapinava? Banche? Camion portavalori? Ho visto una cosa su YouTube che ne hanno bloccato uno sull'autostrada...»

«Io ero incazzata, incazzata nera con lei» prosegue Giada. «Le dicevo che mi aveva rovinato la vita. Che era stata debole. E poi per colpa di mio padre ci trovavamo sempre in situazioni tremende. C'era della gente a cui doveva dei soldi, ci hanno persino minacciato con una pistola per strada...»

Una pistola?

«Poi, anni dopo, ho capito che mia madre mi aveva lasciato molto altro che una malattia. Ho capito che lei aveva amato tanto mio padre e questo mi ha sempre colpito. Penso di aver imparato da lei cosa vuol dire amarsi in maniera incondizionata. Ti sei mai innamorato?»

Ancora, anche questa!, penso mentre sbuffo.

«Non ne parla, non ne parla» dice mia madre per salvarmi.

«E poi c'era il ballo.»

«In che senso il ballo?» le chiedo masticando un piedino di porco insieme a un boccone di polenta.

«Mia madre ballava. Mi ripeteva sempre che ogni volta che avessi avuto un problema nella vita avrei dovuto ballare...»

«Bello.»

«Mi ricordo di un pomeriggio in cui era stata molto male e poi aveva messo su questo mambo, con il volume a palla, e per mezz'ora era come se fosse rinata dalla sua morte. Da piccolissima e poi anche dopo, quando avevo dieci, dodici anni, finché ha vissuto, mia madre mi portava tutte le domeniche e i sabati a ballare liscio e sudamericano. E io magari ballavo il liscio con i vecchietti, con i suoi amici, ai corsi che frequentava. Penso spesso che il ballo ci ha un po' salvate, ci ha permesso di avere un bel ricordo tutto nostro. Dopo che è morta, per un po' ho smesso di ballare perché mi veniva troppa malinconia ma poi mi è tornato il piacere di farlo. E anche il mio attuale ragazzo l'ho conosciuto in discoteca.»

«Lui lo sa?»

«Certo che lo sa. Gli ho raccontato subito tutto perché ho capito che potevo fidarmi.»

«E?»

«E la cosa che gli fa più paura è che io possa stare male, peggiorare. Non che io possa trasmettergli il virus. Sono fortunata, no?»

La guardo e non mi viene da dire nulla se non annuire.

«Cacchio, non avete mangiato niente, vi porto i secondi, offro io» dice Matteo che è mezzo proprietario perché il ristorante è di sua zia.

Fuori i secondi

"VORREI POTESSI TU SAPERE
QUANTE VOLTE AL GIORNO NEL VUOTO MI SENTO CADERE.
NON SI PUÒ SPIEGARE A PAROLE IL DOLORE
MA VORREI SOLO CHE CI FOSSE
UNA CURA PER FAR GUARIRE LE CICATRICI DAL CUORE."

Comincio a non distinguere più quello che ingurgito, sono sul crinale fra sogno e incubo ma non mi tiro indietro perché non sono abituato a qualcuno che ha il ristorante e che offre: penso a papà che fa anche lui il cameriere ma in un posto tutto serio in cui si mangiano cose piccole in piatti grandi.

Qui invece, dopo la cassoeula, c'è una nuova variante di polenta con carni grigliate miste, a partire dalla braciola sanguinolenta, che sembrano quasi essere lì apposta per far saltare i nervi a mia madre. Che invece ha la deliziosa tendenza a adattarsi e forse sta cambiando idea e mi ruba un paio di pezzi di salsiccia con la scusa che le è rimasta un po' di polenta da accompagnare nel piatto.

Giada va avanti a raccontare e capisco che, anche se la setta è la stessa, il mio e quello di lei e Matteo sono mondi lontanissimi: per me l'Hiv è principalmente un problema di come farlo sapere agli altri, a chi dirlo oppure no, per loro è anche stata una malattia con peggioramenti, fasi di stallo e strane masse di grasso che si formavano all'improvviso in varie parti del corpo. Soprattutto è la malattia che si è portata via i loro genitori. Quelli di Giada, quelli di Matteo e anche quelli di Renesmee, un'altra ragazza nata negli anni Ottanta che ci raggiunge quando ormai siamo al dolce.

Ha gli occhiali, sorride, la conosco solo un po' ma visto che siamo della banda entriamo immediatamente in confidenza.

«Offro io il dolce» ripete Matteo, ma stavolta lo dice a bassa voce e comincio a pensare che questa cosa dell'offrire sia una sua iniziativa personale di cui non ha ancora reso partecipe la zia.

«Tiramisù» dico col tono da ingordo e, quando arriva, la fetta è così grande che Matteo quasi fatica a non farla strabordare dal piatto.

«Un caffè d'orzo» dice invece mamma, rientrata nei ranghi.

«Peccato che non vieni più a teatro» dico a Renesmee.

«Lavoro» risponde lei ma, nonostante dopo aver sbranato il tiramisù cominci a sentirmi un po' strano, sono ancora in grado di capire che forse non è solo per quello. «Come sta andando?»

Mi metto le mani nei capelli facendola ridere.

«Allora meglio che me ne sono scappata.»

«Come va con Sonia?» chiede Renesmee a Matteo.

«Chi è Sonia?» faccio io.

«La mia ragazza. Anche se lei non lo sa.»

«Cioè?»

«Capirai.»

«Gliel'hai detto?» chiede Giada a Matteo.

«Non ancora. Ma secondo me ha intuito» risponde lui.

Renesmeee e Giada scuotono la testa all'unisono, mentre io e mia madre ci guardiamo per vedere se ci abbiamo capito qualcosa.

«Avete mai visto quei servizi alle *Iene* dove ci sono sieropositivi che lo attaccano ad altri...?» mi salta in mente di chiedere.

«Cosa c'entra, Gio?» mi interrompe mia madre, che ha paura che li offenda. Ma loro capiscono perché lo dico.

«Non lo farei mai» interviene Matteo.

«Neanch'io» dice Giada.

«Neppure io» fa Renesmee. «Anche se... la differenza fra me e Giada e Matteo è che io ho avuto delle sorelle e sono l'unica che se l'è preso. Un sacco di volte mi sono chiesta perché diavolo doveva essere successa a me questa cosa.»

«Magari l'ingegnere subacqueo e brasiliano ha dei figli. E io dei fratelli» dico a mamma.

«Smettila» dice lei.

«... Ma anche se sono incazzata non ho mai avuto voglia di fare del male a qualcun altro. Diciamo che ogni tanto mi è capitato di non dirlo, che ce l'avevo: perché tanto eravamo protetti e sapevo che comunque non potevo passarlo perché avevo un livello virale molto basso.»

«Io non lo farei mai» ripete Giada.

«Cacchio, era buonissimo il tiramisù» intervengo per paura che si mettano a litigare.

«Capiterà anche a te, Gio, di dirti che in fondo meriti anche tu di goderti una bella serata. Perché solo io non posso conoscere un ragazzo, divertirmi con lui una sera e farci l'amore senza dovergli spiegare qualcosa che magari lo fa scappare o rovina l'atmosfera? Ho sempre preso le medicine, e lo so che non può succedere niente, però è quasi automatico: di solito quando poi uno lo scopre scappa. Ma lo faccio solo quando so che è questione di una sera. Mi dico che me lo merito, anche perché non ho fatto nulla per beccarmi questo virus.»

Mamma confabula fitto con Giada, sono tutte e due grandi, ma mia madre vive questa storia come mamma e Giada l'ha vissuta almeno per ora solo come figlia.

«È strano...» dice Matteo dopo che Giada ha raccontato la cosa del ballo che lui conosce già. «Dopo un po' di anni ho cominciato a ricordarmi più che altro le cose belle. Mia madre che mi abbracciava. Mia madre che quando non volevo andare a scuola mi faceva bigiare e mi portava ai giardini a giocare. Con mio padre è più difficile: a parte tutta la merda del tossico che sta male, che è in astinenza, e che un po' ho cancellato, mi ricordo di una volta alla stazione di Gallarate. Eravamo in macchina e lui doveva evidentemente comprarsi la roba. Io avrò avuto tre anni ma capivo quello che stava succedendo. C'erano anche due suoi amici. A un certo punto loro volevano farsi, erano in fissa, ma mio padre ha detto: "Non davanti a Matte, non possiamo farlo davanti a lui". Mi ha sempre colpito che cercasse in qualche modo di proteggermi, che nonostante l'astinenza riuscisse comunque a volermi bene, a pensare a me...»

Lo guardo e non ho neanche un po' di tiramisù per distrarmi con qualcosa.

«Quello che ti voglio dire, Gio, è che, anche se adesso non ti sembra, sei stato fortunato. Sei fortunato ad avere i tuoi genitori. È ovvio che l'Hiv è un problema ma per me non è niente rispetto alla morte dei miei genitori. Mia madre mi manca in un modo pazzesco. Sono passati vent'anni. Eppure tutte le settimane, ogni tanto anche tutti i giorni, vado sulla sua tomba a parlarle. Le racconto di me. Di come sto, di come mi sento. Magari anche di quella stronza di ragazzina che mi sta tirando pazzo da mesi.»

«Anni» dice Giada che non deve andarci matta per la ragazza (anche se lei non lo sa) di Matteo.

«Anni» conferma lui.

«Ma chi ti teneva?» gli chiedo anche se non so se è una domanda che si può fare.

«I miei nonni» dice Matteo. Che poi si illumina.

«Mia nonna purtroppo è morta. Ma mio nonno sta benone. Abbiamo avuto delle liti ogni tanto, anche per lui tutta la storia è stata devastante. Una volta, ero già grande, mi ha detto che non si è mai perdonato di non aver fatto niente un giorno che ha trovato una siringa usata in macchina di papà quand'era ragazzo. "È di un amico" gli aveva detto papà e lui aveva deciso di credergli. Perché non voleva non crederci. Comunque ridevo perché pensavo a un'altra cosa. Dopo la morte di nonna, un paio di anni fa, mio nonno mi ha chiesto se poteva avere altre donne. Se mi sarebbe dispiaciuto. E io gli ho detto di no, ovvio, ma mi dicevo anche chissà cosa crede di fare. E invece in due anni ha già avuto tre o quattro fidanzate. "Cazzo – gli ho detto l'altro giorno quando sono passato –, nonno hai ottant'anni, e io che ne ho trenta invece non batto chiodo..."»

Ridiamo tutti perché Matteo ha un po' l'aria di uno che ha tante preoccupazioni ma che si sa anche divertire.

C'è ancora il tempo per un amaro, mamma se lo beve, Matteo insiste perché ne beva un goccio anch'io ma mi sento già abbastanza ubriaco di carne tanto che in macchina, tornando indietro, mi addormento come non mi capitava da un secolo.

Entro in casa, attacco il telefono che nel frattempo si è scaricato e trovo un messaggio WhatsApp di André con diversi screenshot allegati.

Guardo bene e sono dei pensieri, non dei rap. Adesso si è messo a scrivere un libro, penso, e non capisco perché non si concentri sulla musica e basta.

Inizio a leggere:

> A volte non bisogna aver paura di quello che si pensa, e bisogna dirlo ad alta voce. O magari anche urlandolo ma non bisogna tenersi dentro i pensieri. Perché, se anche non ce ne accorgiamo, ci logorano. E a volte fanno più male di mille cazzotti. Penso che se devi dire una cosa, dilla, e non aver paura di quanti ti

guarderanno male e non ti capiranno. Non importa quanti ti giudicheranno, ma non tenerti mai dentro un pensiero.

E gli rispondo subito.

Non mi confondere, André.
Perché?
Questa cosa della verità, di dire tutto...
Non parlavo di quello.
Ah, ok.
Sai che torno?

Lo chiamo. Ha la voce quasi allegra per André, mi dice che hanno capito chi è e gli stanno facendo il passaporto. Che hanno trovato da qualche parte il suo stato di famiglia.

«Non mi hai mai detto cosa è successo a tuo padre» gli faccio a un certo punto.

«È morto. Un po' di anni fa. È stato brutto perché l'ho saputo per caso. Non era stato un buon padre, certo, ma quando hanno dato la notizia a mia madre lei non ha pensato che per me fosse comunque importante saperlo. E quindi che mio padre era morto è saltato fuori in una chiacchierata con dei colleghi di mia madre che conoscevano dei nostri parenti. Io l'ho capito e me ne sono tornato a casa. Quando mia madre mi ha raggiunto mi ha chiesto: "Perché piangi?". "Per quello che è successo sei anni fa" le ho detto.»

«Mi dispiace.»

«Non devi. Oggi bisogna essere allegri. Torno a casa, dalla mia sorellina.»

«Quanti anni ha? Non mi ricordo.»

«Sei. Mi manca moltissimo.»

«Ma non la senti mai?»

«Sì, facciamo le videochiamate.»

«André, cos'è quella cosa che mi hai mandato?»

«Sto scrivendo su un quadernino tutto quello che mi passa per la mente. I post per "Smemoranda", i rap, delle cose magari per un libro.»

«Un libro? Sei pazzo? Non si guadagna niente.»

«Tu che fai?»

«Sono stato da Matteo. A mangiare. Piedini di maiale.»

«Come in Ucraina» dice e capisco che sta accennando un sorriso. «Arrivo a gennaio» aggiunge.

«Poi cerchiamo di far vedere i pezzi a GionnyScandal. E nel 2017 diventiamo famosi» dico io in piena eccitazione.

«Non mi interessa diventare famoso.»

«Non dire cazzate, André, basta.»

«Ciao Gio, a presto, devo andare adesso.»

«Ciao.»

Vado in soggiorno, mia madre è in bagno e sento arrivarle un messaggio su WhatsApp. Si apre la finestrella e non posso fare a meno di leggerlo. È di Giada.

Capirà. Io con mia madre l'ho fatto.

Mi torna in mente la scena di loro due che parlano fitto un po' defilate al ristorante. Ecco. Succederà che me la prenderò con lei? O con papà?

«Buonanotte mamma» le dico quando la vedo uscire dal bagno.

«Buonanotte» mi dice due minuti dopo lei, infilando la testa nella mia camera e trovandomi incollato al cellulare a giocare.

«Spegni» dice senza troppa convinzione.

Gio, cosa stai facendo?

"MA TE NE SEI ANDATA
SENZA DARMI UN'OCCHIATA
ERO GIÀ DISTRUTTO
MA NON MI IMPORTAVA
ERO PRONTO A FARMI IN QUATTRO
PER NON RENDERTI SCHIAVA
ERO QUELLO CHE NON LO DICEVA
MA CHE TI AMAVA."

«Devi essere orgoglioso, Giovanni, molto orgoglioso» mi dicevano sempre i medici, gli educatori, mia madre, parlando dei miei progressi con il camminare.

«Devi essere orgoglioso, devi essere orgoglioso» ripetevano.

Sempre questa parola, «orgoglioso».

Non so se sia veramente orgoglio, la sensazione che ho è che ancora una volta i grandi sbaglino. Perché quello che mi spinge non è orgoglio, è più che altro «voglia». E «rabbia», c'è anche molta rabbia, certo.

Voglia e rabbia di farcela, di essere come gli altri, di non darla vinta alla sfiga, di vivere. Vedo troppi adulti depressi, rassegnati, e anche molti bambini: ma com'è possibile essere depressi da bambini?

Negli anni io e le mie gambe siamo passati attraverso diverse tappe, diverse sessioni di fisioterapia, diversi accompagnatori. Sempre con mia madre accanto, di fianco, dietro, davanti, a dirmi: «Guarda Gio che ce la fai, guarda come sei migliorato». Accelerazioni e brusche frenate e poi, «sai, mi hanno parlato di un esperto», gita a Verona, Mantova, Bologna per incontrarlo e di nuovo accelerazione, speranza, aspettative.

Fino a quattro anni non mi sono mai mosso dal passeggino, non gattonavo neanche, ma poi il passeggino era diventato troppo piccolo o io troppo grande e ho deciso che dovevo tirarmi in piedi. E mi hanno dato un deambulatore. Io e lui siamo stati bene insieme ma era strano: perché il deambulatore lo usano le vecchiette per andare a fare la spesa e io invece ero un ragazzino che voleva giocare a pallone, spingere un compagno nei corridoi, fare un po' il casinista insomma.

Mia madre racconta sempre di quando intorno ai cinque o sei anni sono riuscito a tenermi in equilibrio in acqua: dice che ho urlato tanto che tutti quelli che c'erano nella piscina si sono girati verso di me e i più piccoli quasi si sono spaventati perché pensavano che nell'acqua ci fosse qualche sostanza che faceva impazzire i bambini.

Non mi bastava: ho continuato a provarci ma c'erano sempre dei coetanei che mi prendevano in giro, soprattutto quando al mare scorrazzavo con una specie di strano triciclo grande. Loro non capivano che avevo un problema alle gambe e mi sfottevano.

«Gio, non ti devi arrabbiare – diceva mia madre –, non lo sanno che è una malattia, pensano che tu sia pigro o un po' imbranato» provava a tenermi buono lei. Ma io non volevo la loro gentilezza, volevo prenderli per la giacca e urlargli in faccia guarda che io sono un guerriero e adesso le prendi.

Un giorno mi sono liberato anche del deambulatore e sono passato al treppiedi. Era meno ingombrante, riuscivo persino a infilarlo in macchina da solo, ma non ero ancora soddisfatto e qualche anno dopo, tre o quattro anni fa, sono riuscito a camminare anche senza.

Sì, traballo, se devo camminare per un po' è meglio che mi porti il bastone, ma ormai faccio tutto. Nuoto, corro, anche se ogni tanto sbando e devo appoggiarmi a qualcosa. Ma soprattutto posso giocare a calcio.

Penso a tutte queste cose, sempre con il naso incollato al vetro della finestra durante la solita mattinata a scuola.

Là fuori il cielo è stranamente azzurro, le cavallette e le cimici sono scomparse, le foglie cominciano a cadere dagli alberi e già medito su cosa farmi regalare per Natale. Ormai lo so che ci pensa mia madre, ci sono cose che è un peccato scoprirle, ma si finisce per abituarsi a tutto.

E adesso che posso giocare a calcio, anche se solo in porta, come si fa per il resto? Adesso come si fa con l'Hiv?

Che tappe ci sono dopo la tappa deambulatore, treppiedi, bastone...?

Lì era tutto un domandarsi quando potrò giocare a calcio, quando potrò cominciare con il basket, cose così. Mentre adesso le tappe si complicano: quando capirò qual è l'amico a cui poterne parlare, cosa succederà quando avrò una fidanzata, come la prenderanno al lavoro se spiegherò di questo draghetto nel sangue?

Una cosa di sicuro è migliorata: lì per migliorare c'erano montagne di fisioterapia ed esami, qui chili e chili di cassoeula, amiche con padri rapinatori, tè freddi da bere con sieropositive dagli occhi di tutti i colori, madri che propongono il mambo come soluzione ai problemi della vita, tassisti che ti prestano il radar...

«Gio, cosa stai facendo?» sento urlare la professoressa. «Dobbiamo convocare ancora tua madre?»

È tutto ovattato, ascolto in lontananza la sua voce e non trovo una risposta da darle, nient'altro da fare che tornare a guardare la foglia che era rimasta in equilibrio su un ramo e adesso con un filo di vento ha ripreso la sua caduta.

«Ehi, poeta, cos'era la storia?» sussurro qualche giorno dopo in direzione di Angelo alla mia prima apparizione sul palco durante la scena di apertura dello spettacolo teatrale che prepariamo da circa un anno. Osservo i miei compagni atterriti, il regista guarda disperato verso Angelo sperando che mi abbia sentito.

La sala è piena, ci sono un sacco di persone, ci sono mia madre e Luca, c'è mio padre, ci sono i miei nonni, ci sono Matteo, Giada, Renesmee, e c'è persino Federico, anche se lui col suo radar non partecipa mai a queste cose. E poi c'è Elettra, sì, Elettra, che è venuta da Torino. Per me. Lo so. Tant'è vero che è da due secondi che l'ho vista e già mi sono dimenticato tutto. Ma proprio tutto, anche la prima battuta che avevo ripassato prima di andare in scena.

«Ehi, poeta, cos'era la storia?» chiedo di nuovo, questa volta urlando come al mercato.

«POOOOETAAA...»

Tutti ridono. E allora rido anch'io. A crepapelle.

Postfazione

Per quanto tempo ancora ci sarà bisogno di una maschera?

di Vania Giacomet[*]

Il mio primo incontro con il virus Hiv risale agli inizi degli anni Novanta. Allora ero una studentessa all'ultimo anno di Medicina e frequentavo il reparto di Infettivologia pediatrica per la tesi di laurea.

Quell'esperienza ha segnato per sempre il mio lavoro e le mie scelte future. In seguito, da medico, ho iniziato a visitare i bambini nati da madre sieropositiva.

Non c'era ancora una terapia efficace per combattere la malattia e non esisteva una profilassi per evitare la trasmissione materno-fetale. Non c'era nemmeno la possibilità di effettuare accertamenti microbiologici che riuscissero a escludere la sieropositività nei bambini fin dai primi mesi di vita: le mamme dovevano attendere i dodici-diciotto mesi dalla nascita, cioè il momento in cui la scomparsa degli anticorpi materni poteva escludere l'infezione, per conoscere il destino del loro figlio. Se la trasmissione materno-fetale veniva confermata, iniziava una lotta tenace contro le infezioni batteriche o virali, che avevano il sopravvento con la caduta dell'immunità, con il crollo dei linfociti CD4 distrutti

[*] Responsabile dell'Unità semplice di Infettivologia pediatrica – Clinica Pediatrica, Ospedale Luigi Sacco, Milano.

dalla replicazione del virus Hiv: cominciavano così continui ricoveri, le infusioni di immunoglobuline, le polmoniti recidivanti, la diarrea, le fleboclisi, la nutrizione parenterale, per via venosa, somministrata attraverso un catetere durante la notte per permettere di giorno la frequenza della scuola. Quasi come un bambino normale, quasi come una vita normale, anche se di normale c'era ben poco.

La sofferenza, la stanchezza, il dolore alla fine predominavano su quelle piccole esistenze, sulle famiglie o ciò che rimaneva di esse dopo che, uno dopo l'altro, anche i genitori si ammalavano. Per i bambini l'ospedale diventava un luogo di rifugio, o forse rappresentava l'unico luogo di accettazione, dove poter parlare liberamente della malattia ed esprimersi senza pregiudizi. È così che si è costruita un'alleanza medico-paziente rara.

Fin da subito mi sono ritrovata a fare il tifo per loro e per il loro futuro, per la loro vita.

Finalmente, nel 1996, è arrivata la Haart (Highly active antiretroviral therapy), che ha diminuito in modo sostanziale la mortalità e la morbosità dell'infezione: seppur non priva di effetti collaterali (al sistema cardiovascolare, nervoso, renale, al metabolismo lipidico), la nuova terapia ha cambiato le aspettative di vita dei pazienti e trasformato quella che era una patologia mortale in un'infezione cronica. Ciò ha avuto un effetto immediato anche sulle prospettive di vita del paziente pediatrico, portandolo a programmare impegni prima inimmaginabili a scuola, nella propria formazione, nelle relazioni sentimentali, nello sport, nella società. Una vita normale a quel punto era possibile: una vera rivoluzione che la ricerca scientifica ha reso praticabile.

I bambini di allora sono cresciuti, alcuni sono diventati padri o madri di piccoli nati sani da relazioni anche discordanti, cioè con uno solo dei partner sieropositivo, alcuni hanno proseguito gli studi, altri sono entrati nel mondo del lavoro, altri ancora si sono persi. Moltissimi invece non hanno potuto frequentare la scuola, crescere, diventare grandi, perché la malattia non glielo ha permesso. Non per tutti la Haart è arrivata in tempo.

Ripenso a loro, alle famiglie o a quanto ne è rimasto. Penso ai più piccoli, fortunatamente sempre meno numerosi, ai quali oggi si possono consegnare messaggi più positivi di vita e di relazioni sociali, mentre rimane invariato da anni lo stigma dell'infezione di questo virus che fa ancora paura a una società lontana e distratta.

Credo che il futuro possa riservare piacevoli novità. Le nuove terapie sono meno complicate, talvolta il cocktail di farmaci è racchiuso in un'unica compressa che facilita l'aderenza alla terapia. Con una sola somministrazione al giorno diventa più semplice frequentare gli amici, praticare attività sportive, partecipare alle gite scolastiche senza il timore di essere smascherati. La terapia antiretrovirale efficace, con la conseguente riduzione della carica virale, se assunta in modo aderente e continuo, genera un'aspettativa di vita paragonabile a quella delle persone senza infezione. Ciò che ne consegue è una gestione «normale» della quotidianità e un basso rischio di trasmissione del virus anche nei rapporti sessuali. Eppure sono ancora presenti pregiudizi e paure inspiegabili.

Per quanto tempo ancora i nostri ragazzi dovranno tenere la maschera?

Tornando indietro ripenso ai lutti, ai dolori, agli abbandoni, alle sofferenze e all'emarginazione che molti hanno dovuto affrontare fin dalla prima infanzia. Mi ha sorpreso allora e continua tuttora a sorprendermi la forza di questi ragazzi nel proseguire il cammino. Mi guardo allo specchio e rivedo tanti sguardi e tanti sorrisi. Resilienza, temerarietà e ostinazione.

Negli ultimi anni la storia dell'infezione da Hiv in ambito pediatrico è cambiata, sono cambiate le tipologie dei genitori, si sono modificate le vie di contagio: all'inizio dell'epidemia la trasmissione dell'infezione era legata ai rapporti omosessuali e all'utilizzo di droghe endovena. Ora la trasmissione avviene principalmente per via sessuale, soprattutto tra i giovani incuranti del rischio di patologie sessualmente trasmissibili. L'Hiv non è di pertinenza di persone a rischio ma di comportamenti a rischio, per cui tutti, senza un'adeguata informazione, possono esserne colpiti.

La conquista a mio avviso più rilevante nell'ambito della ricerca per la lotta all'Aids è legata proprio alla trasmissione materno-fetale: nei paesi sviluppati, grazie alle terapie somministrate alla madre, oggi il 99 per cento dei bambini nasce «sano», ossia senza infezione.

Chiudo questa storia lunga trent'anni con due consapevolezze: la prima, che quasi nulla è impossibile alla scienza se finalizzata al bene degli altri; la seconda, che dai miei pazienti ho ricevuto più di quanto io abbia dato loro.

PER SAPERNE DI PIÙ

Hiv: infezione del virus Hiv; il paziente può essere asintomatico o paucisintomatico (con sintomi inesistenti o scarsi).

Aids: malattia conclamata.

CD4+: linfociti helper, che proteggono l'individuo dalle normali infezioni batteriche e virali.

Carica virale/viremia: indica la replicazione del virus nel sangue.

Haart: terapia antiretrovirale altamente efficace.

Coppie discordanti: quando uno dei due partner è Hiv positivo e l'altro Hiv negativo.

Modalità di contagio dell'infezione da Hiv: via ematica, via sessuale, via verticale (da madre a figlio e con allattamento materno se la madre è sieropositiva); l'infezione da Hiv non si trasmette con sudore, lacrime, urina se non commista a sangue, non si trasmette con i normali rapporti quotidiani.

Riferimenti

www.donneinrete.net
www.anlaidsonlus.it
www.lila.it
U.S. Infettivologia pediatrica-Clinica pediatrica Ospedale Luigi Sacco (direttore prof. Gian Vincenzo Zuccotti); email: infettivologiaped@asst-fbf-sacco.it
Il sito Smemoranda.it ospita un blog autogestito dai ragazzi sieropositivi: si chiama «Giù la maschera», contro la paura e ogni pregiudizio.

Indice

SE HAI SOFFERTO PUOI CAPIRE

Narrazioni

Luca Rastello
I BUONI

Dario Fo
LA FIGLIA DEL PAPA

Luigi Bisignani
IL DIRETTORE

Marco Ciriello
PER FAVORE NON DITE NIENTE

Gianfrancesco Turano
CONTRADA ARMACÀ

Januaria Piromallo
IL SACRIFICIO DI ÉVA IZSÁK

Daniele Autieri
PROFESSIONE LOLITA

Dario Fo
C'È UN RE PAZZO IN DANIMARCA

Guido Lombardi, Salvatore Striano
TESTE MATTE

Eleonora Mazzoni
GLI IPOCRITI

Pino Corrias
DORMIREMO DA VECCHI

Andrea Camilleri
CERTI MOMENTI

Dario Fo
RAZZA DI ZINGARO

Wu Ming 5, Francesca Tosarelli
MS KALASHNIKOV

Angelo Ferracuti
ADDIO

Dario Fo
DARWIN

Antonio Manzini
ORFANI BIANCHI

Franco Bernini
A CIASCUNO I SUOI SANTI

Biblioteca Chiarelettere

Leon Trotsky
LA VITA È BELLA

don Lorenzo Milani
LA SCUOLA DELLA DISOBBEDIENZA

Antonio Gramsci
ODIO GLI INDIFFERENTI

Arturo Paoli
LA PAZIENZA DEL NULLA

Étienne de La Boétie
DISCORSO SULLA SERVITÙ VOLONTARIA

Piero Calamandrei
LO STATO SIAMO NOI

don Primo Mazzolari
COME PECORE IN MEZZO AI LUPI

Ernesto Rossi
CONTRO L'INDUSTRIA DEI PARTITI

Alexander Langer
NON PER IL POTERE

Shaftesbury
LETTERA SUL FANATISMO

Simone Weil
IL LIBRO DEL POTERE

Jack London
IL SENSO DELLA VITA (SECONDO ME)

Finito di stampare
nel febbraio 2017 presso
Grafica Veneta S.p.A. di Trebaseleghe (PD)